"¡Cómo nos hubiera gustado contar con este l.
cia! La comparación es una lucha muy fuerte para muchas mujeres hasta bien entrada la edad adulta. Y las semillas se plantan a edades cada vez más jóvenes. Este libro ejercerá en las adolescentes tal influencia, que las guiará a Cristo y les enseñará a encontrar su valor en Jesús, no en lo que digan los demás. Shannon ha acertado otra vez con este libro".

BETHANY BEAL Y KRISTEN CLARK, autoras de *Una chica definida por Dios*

"Shannon y Lee presentan verdades bíblicas que poco a poco animan e infunden vida al alma de una adolescente. Este libro no teme profundizar y llegar a la raíz de temas como la imagen corporal, la identidad de género y la comparación. Nuestras jovencitas necesitan algo más que versículos bíblicos que les recuerden que son suficientes: necesitan toda la verdad del evangelio para comprender el porqué de su lucha. Este libro hace precisamente eso. *¡No te compares!... para chicas* presenta a las jovencitas al Único que puede sanar todos nuestros problemas de comparación e inseguridades: Jesús. No veo la hora de que mi hija lo lea".

HEATHER CREEKMORE, presentadora de pódcast, asesora de imagen corporal y autora de *Compared to Who?*

"Shannon y Lee han escrito un hermoso libro lleno de historias, oraciones personales y enseñanzas relevantes. Es un rico regalo para esta generación de jóvenes adolescentes, en realidad, para cualquier mujer que sea lo suficientemente humilde como para leerlo y aprender a vivir libre del egocentrismo".

PAULA HENDRICKS-MARSTELLER, autora de *Confessions of a Boy-Crazy Girl*

"¡Cómo me gustaría poder volver a mi adolescencia y leer este libro! Ya me propuse adquirirlo para mi hija cuando comience esta etapa de su vida. La lectura de este libro romperá cadenas y liberará a las adolescentes. Incluso yo misma, mientras leía estas páginas con mis más de veinte años, sus palabras tocaron mi corazón y me recordaron mi propósito y lo que Dios dice de mí".

HOPE REAGAN HARRIS, autora de *This Is My Happy Place* y *Purpose Doesn't Pause*

Libros de Shannon Popkin publicados por Portavoz

¡No seas una mujer controladora!
¡No te compares!
¡No te compares!... para chicas

Cómo sobrevivir en un mundo
obsesionado con las comparaciones

¡No te
compares!

PARA CHICAS

SHANNON POPKIN & LEE NIENHUIS

EDITORIAL
PORTAVOZ

La misión de *Editorial Portavoz* consiste en desarrollar y distribuir productos de calidad —con integridad y excelencia—, desde una perspectiva bíblica y confiable, que animen a las personas a conocer y servir a Jesucristo.

Dedicatoria

A nuestras hijas
Lindsay, Gabriella y Lexie Beth:
Bellas criaturas de Dios, amadas profundamente.
Son tres tesoros.

Título del original: *Comparison Girl: Thriving Beyond Measure in a World That Compares* © 2024 por Shannon Popkin y Lee Nienhuis. Publicado en inglés por Kregel Publications, una división de Kregel Inc., 2450 Oak Industrial Dr. NE, Grand Rapids, MI 49505.

Edición en español: *No te compares... para chicas* © 2025 por Editorial Portavoz, filial de Kregel Inc., Grand Rapids, Michigan 49505. Traducido con permiso. Todos los derechos reservados.

Traducción: Rosa Pugliese

EDITORIAL PORTAVOZ
2450 Oak Industrial Drive NE
Grand Rapids, MI 49505 USA
Visítenos en: www.portavoz.com

ISBN 978-0-8254-5094-5 (rústica)
ISBN 978-0-8254-6327-3 (Kindle)
ISBN 978-0-8254-6328-0 (epub)

1 2 3 4 5 edición / año 34 34 33 32 31 30 29 28 27 26 25

Impreso en los Estados Unidos de América
Printed in the United States of America

CONTENIDO

CONTENIDO

UNA NOTA DE SHANNON

En sexto grado, yo era una chica con lentes y pecas, un tanto boba, fantasiosa y desenfadada. Mi mejor amiga, Kathy, y yo nos divertíamos pasándonos pequeñas notas escondidas en mi sacapuntas durante las clases. A menudo nos quedábamos a dormir en la casa de alguna de las dos, y nos reíamos hasta altas horas de la noche de las ridículas historias que inventábamos. La vida no podía ser mejor.

Sin embargo, todo cambió en el campamento de sexto grado. Kathy estaba en otra cabaña, y yo estaba con chicas desconocidas, que llevaban maquillaje, vestían ropa bonita y hablaban de chicos. Estaba segura de que los chicos también hablaban de ellas. Especialmente de Kim, la chica de cabellera larga y rubia, pestañas espesas y los hoyuelos más bonitos que se le formaban cuando sonreía.

Mientras deshacíamos las maletas, Kim dijo a sus amigas que prefería ducharse por la noche, y todas estuvieron de acuerdo. *Sí, era mucho mejor ducharse por la noche.* El caso es que yo no había planeado ducharme en absoluto. Eso era un campamento. ¡Ni siquiera había metido en la maleta una toalla o champú!

Cuando las chicas volvieron de las duchas y empezaron a prepararse para irse a la cama, observé con interés cómo Kim hacía algo que nunca había visto: se enrollaba el cabello húmedo en rulos de esponja de color rosa. Por la mañana, cuando Kim se sacó los rulos, ¡casi me quedo sin aliento! Su larga cabellera rubia se había transformado en grandes y hermosos rizos que ahora rebotaban sobre sus hombros cuando se movía. Estaba intrigada, por no decir otra cosa. También estaba secretamente encantada, porque, aunque era evidente que yo no estaba a la altura de Kim y sus amigas, ella acababa de revelar su secreto para conseguir una belleza envidiable. ¡Rulos de esponja!

Volví a casa con la determinación de crecer y reinventarme. ¿Primera orden del día? Los rulos de esponja.

Me duché por la noche, como Kim, y enrollé mi cabello castaño corto y húmedo en los rulos de esponja rosa. A la mañana siguiente, me quité los rulos y corrí al espejo. Esta vez *me quedé sin aliento,* pero no por mi envidiable belleza. Parecía que me había quedado electrocutada.

El campamento de sexto grado fue un punto de inflexión para mí. Mi vida pasó de ser alegre a difícil. De contenta a fastidiosamente insuficiente. ¿Por qué? Porque ahora veía algo que antes había estado oculto. Se abría ante mí una dimensión completamente nueva: el mundo de la comparación.

¿Has entrado en ese mundo? ¿Te sientes incómoda e insuficiente porque no das la talla? ¿O tal vez disfrutas en lo secreto cómo te destacas por encima de las demás? Sea como sea, espero que escuches lo que Jesús dice sobre la comparación y la verdad que puede hacerte libre.

Estas son lecciones que desearía haber aprendido antes, y espero que tú aprendas de mis errores. Mientras leas este libro, debes saber que Lee y yo te entendemos, conocemos el sentimiento de dolor de la interminable comparación, y queremos caminar contigo hacia la libertad. ¿Estás preparada? ¡Estamos contigo!

Con amor.

Shannon

UNA NOTA DE LEE

Tenía trece años la primera vez que me pellizqué tan fuerte que me salió un moretón. Mi mejor amiga, Melissa, y yo habíamos estado celebrando una fiesta de pijamas, con bocadillos nocturnos, mascarillas y música a todo volumen. Melissa y yo éramos amigas inseparables desde hacía un par de años, además era de confianza y leal en todos los aspectos que esperas de una amiga. Así que le hice la pregunta que me rondaba en la cabeza desde hacía semanas.

—Melissa, dime la verdad. ¿Soy bonita?

—Lee, sabes que eres bonita. Les gustas a los chicos y tienes amigos.

—Pero, si pudiera cambiar o mejorar alguna parte de mí, ¿cuál debería ser? —pregunté y contuve la respiración.

—¿Sinceramente? —preguntó. Asentí con la cabeza.

—Bueno, estás en buena forma, pero podrías tonificar más los muslos.

Y ese fue el momento. El momento en que mis muslos se convirtieron en mi enemigo.

Desde esa noche, los miraba y deseaba que fueran diferentes... más tonificados. Menos parecidos a los de una atleta y más parecidos a los de una bailarina. Ponía mis dedos en la parte externa o interna de los muslos (en toda la flacidez que colgaba) y pellizcaba con fuerza. Supongo que al principio era por frustración. Imaginaba que, si pellizcaba con fuerza, la flacidez desaparecería y se solucionaría el problema. Puede que empezara como un deseo de parecer perfecta, de tener piernas de bailarina como Melissa, pero más tarde se convirtió en una forma de compararme. ¿Cuánto podía pellizcar? ¿Era menos que el día anterior? Me quedaban moretones. Un par de años más tarde, cuando había "mejorado" mis muslos con ejercicio, fueron mis brazos, mi vientre y mis costados.

No importaba si tomaba decisiones alimenticias saludables, si me mantenía físicamente activa o si estaba en buena forma para mi tipo de cuerpo. No lo solucionaban los chicos que gustaban de mí ni tener un montón de amigas. No estaba bien conmigo misma y estaba enojada con la única persona que creía que podía cambiarlo todo. *Yo*. Pensaba que, si me esforzaba más o hacía mejor las cosas, podría ser quien quería ser.

No conocí a Jesús ni supe realmente que me ama tal como soy, hasta los dieciséis años. Para entonces, ya tenía mil pellizcos de un hábito que no sabía cómo romper: el hábito de compararme y castigarme cuando no estaba a la altura de mis propias expectativas o de las expectativas de los demás. A veces me dejaba marcas en la piel, pero también me lastimaba una parte que podía cubrir: mi corazón.

Ahora sé la verdad. Esa no es la voz de mi amigo Jesús. Él no me habla de esa manera y jamás querría que yo viviera amoratada por creer un montón de mentiras. Cuando leí el libro de Shannon para mujeres sobre la comparación, supe que tú también lo necesitabas. Jesús no quiere que sus hijas se hagan moretones a sí mismas o una a otras con toda esta competencia. ¿Qué tal si pudiéramos caminar en una vida de libertad para ser tal como Dios nos creó? Llenas de alegría y de verdad. ¡Por la libertad, amiga!

Te amamos.

Lee

Capítulo 1

BIENVENIDA A ESTE MUNDO OBSESIONADO CON LAS COMPARACIONES

Lee: Oye, amiga, ¡estoy tan cansada de este juego de las comparaciones! Por momentos siento que no valgo nada y, de repente, me siento orgullosa de ser, como mínimo, más bonita, más lista o más popular que otra chica. Estoy harta de eso. Mis dos reacciones son horribles.

Shannon: Oh, amiga. Conozco esa sensación demasiado bien. ¡A veces siento lo mismo! Trabajemos juntas en esto. Podríamos ser "hermanas hartas de las comparaciones".

CUESTIONARIO: ¿ERES UNA CHICA OBSESIONADA CON LAS COMPARACIONES?

PUEDE QUE YA SEPAS que la comparación es un problema para ti. O tal vez piensas que hay otras personas que tienen un problema mucho peor que tú. Aquí tienes un cuestionario que te ayudará a ver en qué aspectos la comparación puede ser un problema para ti. Puedes marcar tus respuestas en el libro o escanear el código QR para responder el cuestionario en línea y ver cómo se compara tu puntuación con la de otras chicas. (Sí, puedes hacer esa comparación). Queremos que sepas que no eres la única.

	Sí	No
1. Al entrar en un lugar, identifico a las chicas más bonitas.		
2. A menudo deseo tener cosas más lindas (teléfono, ropa, etc.).		
3. Presto atención a cuántos "me gusta", seguidores y comentarios tiene la gente en las redes sociales.		
4. Soy perfeccionista.		
5. He sentido envidia o me he sentido amenazada cuando alguien posee la misma habilidad o destreza que yo.		
6. Comparo a mi familia con otras familias.		
7. Cuando veo que otra persona tiene éxito, siento envidia en lo secreto.		
8. Me siento muy frustrada y avergonzada cuando cometo errores.		

9. A veces juzgo a los demás cuando veo que no viven como yo creo que deberían vivir.		
10. Soy tímida y me obsesiono con lo que piensan los demás.		

¿Qué tal te ha ido? Tal vez hayas respondido afirmativamente a casi todas estas preguntas o quizás solo a unas pocas.

¿Has pensado en alguna otra chica que también necesita hacer este cuestionario? Si es así, ¡nos parece estupendo! ¿La invitarías a leer este libro y a hablar de él contigo? Una cosa sabemos: ¡tratar de averiguar cuánto nos comparamos es mucho más fácil y divertido cuando lo hacemos con una amiga o en un grupo pequeño!

"Pregunto para una amiga"

Casi a diario leemos mensajes en las redes sociales donde se formulan preguntas como estas:

> *¿Es malo comerse un paquete entero de galletas de chocolate? Pregunto para una amiga.*
> *¿Cinco horas de YouTube es demasiado en un día? Pregunto para una amiga.*
> *¿Alguien ha encontrado un tutorial de maquillaje que realmente ayude? Pregunto para una amiga.*

Sería raro no marcar ninguna casilla en el cuestionario anterior. La comparación forma parte de la vida, pero, aunque en este momento no te des cuenta de que haces comparaciones, probablemente esté a la vuelta de la esquina. No pasa nada si ahora mismo lees este libro para una amiga. Sobre todo, esperamos que este cuestionario te ayude a dar el primer paso para conversar sobre el tema, y el resto de este libro a seguir conversando. ¿Lista para empezar?

Día 1

UN MILLÓN DE MANERAS DE COMPARAR

Y yo le pediré al Padre, y él les dará otro Abogado Defensor,
quien estará con ustedes para siempre.
JUAN 14:16

UN DÍA EN LA VIDA de una chica obsesionada con las comparaciones:

6:15 a.m.: Suena el despertador y Ana refunfuña.

6:30 a.m.: Ana se levanta de la cama y se mira en el espejo, y compara su piel y su cabello con las fotos de Instagram que vio anoche antes de acostarse. *Me va a costar mucho mejorar mi apariencia para ir al colegio, y aun así estaré lejos de parecerme a las* influencers *que vi anoche.*

6:45 a.m.: Ana se seca en la ducha y observa sus pechos, su cintura y sus muslos. *Demasiado planos, demasiado ancha, demasiados abultados y ahora mis jeans me aprietan.*

6:50 a.m.: Ana se mira en el espejo para darse ánimos. *Estás estupenda. Tienes el cabello genial. Tu ropa es perfecta. ¡Te ves muy bien! Intenta no olvidarlo antes de subir al autobús.*

7:00 a.m.: Ana baja las escaleras y se sirve un tazón de su cereal favorito. *Celeste debe estar preparándose un batido verde. No como muy saludable. Con razón estoy gorda.*

7:15 a.m.: Ana camina hacia la parada para tomar el autobús que la llevará al colegio. *Ojalá tuviera un auto. No tiene nada de genial que una chica de dieciséis años vaya en autobús.*

7:16 a.m.: Llega el autobús y Ana se sienta en el centro. *Ni adelante, donde se sientan los niños pequeños, ni atrás, donde se sientan los chicos malos. ¡Ojalá tuviera a alguien con quien sentarme!*

7:58 a.m.: Ana cruza las puertas de la escuela e inmediatamente se siente insegura. *Hoy no he visto a ninguna otra chica que lleve unos jeans como los míos, y esta camisa parece ya demasiado desteñida. Por una vez en la vida me gustaría vestir ropa que luzca genial.*

8:14 a.m.: Ana entra a la primera clase justo antes que suene el primer timbre. Su profesora le devuelve el examen del viernes pasado con la nota escrita en tinta roja en la parte superior. *Un Sobresaliente. ¡No lo puedo creer! ¡Aleluya!... pero Gaspar y Alicia también sacaron Sobresaliente. Debió de ser un examen fácil porque no suelen sacar buenas calificaciones.*

9:15 a.m.: La clase terminó y Ana sale al pasillo, mientras observa a los grupos de chicos que se forman a lo largo del pasillo. *Deportistas. Chicas a las que les gustan los deportistas. Chicos del grupo juvenil. Chicos de teatro con su propia onda. Friquis. Drogadictos. ¿A qué grupo pertenezco realmente?*

11:15 a.m.: Ana va a almorzar con sus amigos. *Me pregunto quién comprará el almuerzo en la cafetería hoy. ¿Podré conseguir un buen lugar en la mesa? ¿Me guardarán un lugar? Ojalá hubiera preparado mi almuerzo como Katy. Tiene la lonchera más bonita de toda la escuela. Ella también es bonita.*

11:19 a.m.: Ana se sienta junto a Katy en la mesa del almuerzo. *Me pregunto si debería haberme sentado al lado de la chica nueva. No quiero que se sienta sola, pero si lo hiciera, ¿qué pensarían mis amigas?*

11:20 a.m.: Todas las amigas de Ana sacaron sus teléfonos y están mirando las fotos del fin de semana pasado. *Debería haberles puesto un filtro a las fotos antes de mostrárselas. Las cicatrices de mi acné resaltan mucho.*

Puede que a ti y a Ana les parezca un día normal, pero este tipo de comparación es agotador, ¡y aún no es mediodía! A Ana todavía le queda toda una larga tarde de comparaciones en las clases, los entrenamientos deportivos, los deberes y qué chicos se fijan en ella (o cuáles no), por no hablar del tiempo que pasa comparándose con las publicaciones de YouTube y las redes sociales cuando llega a casa

- **Vuelve atrás y pon una estrella junto a los momentos del día de Ana con los que te sientas identificada. ¿Hay algún otro momento del día en el que te sientas especialmente impulsada a hacer comparaciones? Si es así, ¿cuáles?**

- **Cuando piensas en la mañana de Ana, ¿qué palabras te vienen a la mente? ¿Cómo te imaginas que se siente Ana al final del día?**

¿No estamos hartas ya?

Desde nuestra más tierna infancia, la mayoría de nosotras nos pasamos el día intentando ser una persona sin ningún defecto. Cuando nos sentimos disminuidas o expuestas, nos cubrimos y escondemos. Y si finalmente damos la talla, nos perdemos en el perfeccionismo, la independencia y el orgullo. O tal vez renunciamos a la esperanza de encajar y nos juntamos con las chicas "raras a propósito", las que están tan hartas de no dar la talla que deciden no molestarse en encajar.

Todas estas respuestas nos alejan de la libertad y la alegría. En cambio, nos llevan a temer lo que puedan pensar o decir los demás. Terminamos por tratar de demostrar cuánto valemos y de dar la talla, mientras todo el tiempo tememos que alguien pueda descubrir que somos una farsa.

Cuando consideras toda esa presión, ¿no estás harta de vivir como una chica obsesionada con las comparaciones? Eso esperamos. No es forma de vivir. Puede que haya mil formas de dar la talla, pero ninguna de ellas nos hace sentir plenas. La respuesta lógica es: "Deja de compararte", pero nuestra pregunta es: "Bien, ¿cómo?". La comparación es tan natural como darte cuenta de que tus zapatos son más grandes que los míos, o de que has sacado un Sobresaliente cuando yo he sacado apenas un Suficiente. ¿Qué podemos hacer? ¿Ponernos anteojeras como las que llevan los caballos?

Y cuando intentamos no compararnos, irónicamente, ¡también es agotador! Muchas de nosotras sabemos que no debemos mirar a nuestro alrededor para compararnos con los demás. Así que redoblamos nuestros esfuerzos y nuestros intentos de corregir nuestra inclinación a compararnos. Todo se convierte en un círculo vicioso. La comparación es una trampa de la que no podemos escapar por nosotras mismas. Está en todas partes y nunca se acaba.

¿Cómo obtenemos el poder para dejar de hacerlo?

El poder para dejar de hacer comparaciones no está en nosotras. (¡¿Qué?!). Luchar y batallar contra la comparación por nuestra cuenta solo nos lleva a un problema peor. Hay batallas que libramos y problemas que enfrentamos que solo se pueden vencer con la ayuda de Dios. De hecho, el poder para dejar las comparaciones solo llega *cuando* dejo de intentar hacerlo sola. Corregir el problema de la comparación viene del Espíritu de Cristo que obra en mí para renovar mi mente y mis procesos de pensamiento. El poder que transforma nuestra vida solo existe en el contexto de una relación con Él. No hay escapatorias, atajos, trucos ni códigos.

Cuando se trata de cambiar nuestra mente y nuestra vida, la ayuda está solo a una simple oración silenciosa de distancia. Ten la libertad de hacer una oración como la mía.

Jesús:
Te pido que me ayudes. No puedo corregir esto yo sola.
Enséñame tu camino y dame un corazón dispuesto a seguirlo.
Amén.

Amigas, Jesús se acerca a nuestra necesidad. Es entonces cuando aparece con su poder. Y cuando aparece con *su* poder, la comparación no tiene ninguna oportunidad.

¿Qué significa comparar?

Te ofrezco tres breves reflexiones sobre lo que significa comparar:

1. La palabra *comparación* es neutra. Significa pensar o considerar en qué se parecen y en qué se diferencian las cosas.
2. Cuando comparamos, relacionamos una cosa con otra y medimos todo tipo de cosas, desde las que podemos ver hasta las que no. Lo hacemos con objetos físicos, lugares y personas hasta llegar a las preferencias, sentimientos y personalidades.
3. Cuando comparamos, a menudo tomamos una decisión: determinamos si algo es parecido o diferente, si dos cosas concuerdan o no y, a veces, les asignamos un valor sobre la base de nuestra decisión.

- ¿Es siempre malo comparar? ¿Por qué sí o por qué no?

- ¿Cuáles son algunas palabras de comparación que utilizas a diario? (Te ayudamos a empezar).
    Más pequeño
    Más barato
    Más bueno

- ¿Qué crees que puede hacer que la comparación sea dañina?

La comparación no es nada nuevo. En la época de Jesús, las personas también estaban atrapadas en las comparaciones, pero Jesús les mostró la salida. ¿Estás tú también preparada para encontrar la salida?

Dios:
Estoy cansada de comparar. Me deja encerrada en mis pensamientos y a veces en mis relaciones. No puedo corregir este problema de comparación yo sola. Necesito tu ayuda.
Amén.

Día 2

UN BRUSCO DESPERTAR

Por lo tanto, Cristo en verdad nos ha liberado. Ahora asegúrense
de permanecer libres y no se esclavicen de nuevo a la ley.

GÁLATAS 5:1

ERA EL DÍA de playa perfecto. Treinta y dos grados centígrados con una brisa que hacía sentir mi piel (la de Lee) agradablemente caliente, pero no tan caliente como para no acostarme a tomar el sol y broncearme. Me acosté en mi toalla boca abajo con una gorra sobre un lado de la cara, y me dispuse a echarme una fabulosa y relajante siesta. Llevaba varios minutos acostada cuando sentí un abundante chorro de agua helada en el centro de la espalda, y me incorporé sobresaltada, mojada y llena de rabia. Pasaron unos segundos antes de poder tener un pensamiento racional, pero cuando lo hice supe un par de cosas con certeza. Una: esto era una guerra, no tenía nada de divertido. Dos: no podría volver a ese lugar feliz, cálido y placentero.

Un momento helado

La mayoría de nosotras crecemos en hogares donde nos sentimos amadas. Pronunciamos nuestras primeras palabras y damos nuestros primeros pasos ante la mirada de padres que nos aman. Coloreamos dibujos que enseguida pegamos en la nevera a la vista de todos, damos una dulce vueltita con ropa que no combina y nos dicen que somos las niñas más lindas del mundo. Sin duda, princesas. Algunas de ustedes tuvieron un talento innato con el balón de fútbol, leyeron antes de caminar o hicieron los dulces más deliciosos que su familia había probado jamás. Durante un tiempo, fueron encantadoras, inteligentes y las más divertidas del salón.

Yo también.

No sé qué día despertaste bruscamente al mundo de las comparaciones, pero supongo que fue como un chorro de agua helada.

¿Recuerdas la historia de Shannon sobre el campamento de sexto grado? ¿O mi historia donde comparto el comentario de Melissa sobre mis muslos? Tal vez tengas una historia de tu despertar como la de nosotras. O tal vez ni siquiera recuerdes un día cuando sentiste el amor cálido, seguro y protector de un adulto cariñoso. Sin importar cómo o cuándo, hay un momento en la vida de todas las chicas cuando se dan cuenta de que no son las mejores, las más bonitas, las más listas, las más rápidas, las más talentosas o las más populares. Y puede que nunca lo sean.

Es un brusco despertar. Y, naturalmente, viene acompañado de sentimientos de:

Vergüenza   **Ser demasiado**

Ser insuficiente   **Celos**   **Ira**

Competitividad   **Soledad**

Orgullo   **Deseos de esconderse**   **Irritabilidad**

Estrés   **Agotamiento**

- **Adelante, rodea con un círculo los sentimientos que describen tu brusco despertar como una chica obsesionada con las comparaciones.**

Apreciada amiga, ¿podemos decirte la verdad?

Fuiste creada como un ser amado.

Fuiste diseñada y formada por alguien que pensó que eras perfecta.

No se espera que seas perfecta.

Y no tienes nada que demostrar.

Un mundo obsesionado con las comparaciones

No podemos escapar a este problema de las comparaciones. Forma parte del mundo en que vivimos. Se filtra en nuestros teléfonos, camina por los pasillos de nuestras escuelas, y nos persigue hasta el rincón más oculto de nuestro corazón. Sin embargo, Dios nos ofrece un refugio: una forma de pensar y de vivir totalmente distinta a este mundo obsesionado con las comparaciones.

En realidad, comparar no siempre es malo. Es natural mirar de reojo a nuestro alrededor y admirar la belleza de otra chica, su estilo o su corte de cabello. Es normal asombrarse por una chica que saca calificaciones sobresalientes o que sabe lanzar una pelota de voleibol. También es importante que te mires al espejo y te fijes cómo destacas *tú* también. Tú misma (eres maravillosa) tienes dones especiales, una belleza única y una personalidad genial que Dios seleccionó cuando pensó en ti por primera vez. Incluso Jesús utiliza la comparación en la Biblia.

Así que comparar y notar nuestra cualidad única no es el problema. Pero ¿medir cuanto valemos por las diferencias que notamos? Ese es el problema. Mirar de reojo a nuestro alrededor para determinar cuánto valemos solo nos causará una angustia indescriptible. ¿Cómo lo sabemos? Porque lo hemos experimentado.

Nosotras (Shannon y Lee) hemos perseguido con ahínco dar la talla, y hemos acabado aisladas, vacías y consumidas, pero no creas solo en nuestra palabra. Puedes ver lo que Dios dice acerca de las comparaciones, y la forma de ser verdaderamente libre.

Por lo tanto, Cristo en verdad nos ha liberado. Ahora asegúrense de permanecer libres y no se esclavicen de nuevo a la ley (Gálatas 5:1).

Libertad es una palabra muy poderosa. Es una forma de vivir aún más poderosa.

Imagina despertarte en la mañana sabiendo que el día que tienes por delante estará lleno de propósito, que alguien está ansioso por saber de ti, y que tu influencia importa. Esta es la vida que Dios quiere para ti. En los próximos días, desataremos todas las cuerdas de comparación que nos atan y nos hacen tropezar, pero por hoy, reconozcamos la verdad de cómo estamos y cómo hemos estado.

- ¿Recuerdas el momento cuando despertaste a la comparación? Descríbelo aquí.

- ¿Cómo describirías ahora mismo tu relación con la comparación?

- ¿En qué cambiaría tu vida si pudieras vivir en libertad en lugar de vivir atada por la comparación?

Es hora de declarar la guerra

Aquel día, cuando un chorro de agua helada golpeó mi espalda (la de Lee), me senté y me preparé para pelear. No me pareció divertido ni amable que me despertaran tan bruscamente. Despertar a la comparación debería ser igual. Hay una batalla a nuestro alrededor, incluso dentro de nosotras mismas, que no es divertida. No es amable. Y, desde luego, no es justa. De hecho, para ser libres de la comparación y de la esclavitud que esta conlleva, debemos declararle la guerra. No al amigo que nos tiró un chorro de agua helada, sino a un enemigo que vende mentiras y nos tienta a dar la talla y a vivir con formas de pensar equivocadas que nos mantienen en esclavitud.

La batalla de la que hablamos tiene lugar dentro de nuestra mente. Es la lucha por quitar de nuestra mente las ideas equivocadas y sustituirlas por las correctas. Pensar correctamente nos lleva a vivir correctamente, y pensar correctamente viene de Dios.

■ **Escribe la última frase del párrafo anterior en el espacio a continuación.**

Vamos a pedir a Dios que nos dé pensamientos correctos que se ajusten a lo que *Él* dice que somos. Entonces declararemos la guerra a las acciones, pensamientos y actitudes que nos mantienen atadas cuando estamos destinadas a ser libres. Ora conmigo:

> *Padre celestial:*
> *Estoy tan cansada de sentir que soy demasiado, y nunca suficiente.*
> *No quiero estar atrapada en el juego de las comparaciones. Estoy*
> *lista para pensar como tú piensas y aprender la verdad de quién*
> *soy y el propósito que tienes para mi vida. Enséñame a caminar*
> *en libertad.*
> *Amén.*

Día 3

ESPEJOS DE BOLSILLO Y LA VERDAD

Hazlos santos con tu verdad;
enséñales tu palabra, la cual es verdad.

JUAN 17:17

SE APRENDE MUCHO sobre una chica por cómo entra en una habitación llena de gente. Imagínate una fiesta de cumpleaños o la inscripción para la vuelta al cole. Algunas chicas entran con timidez y se unen rápidamente a un grupo para no sentirse tan incómodas. Otras abren la puerta de par en par y llevan la fiesta con ellas llamando a gritos a sus amigas y yendo de un grupo a otro. Mientras que algunas se sienten totalmente a gusto, independientemente de quién esté presente, otras preferirían ser invisibles por completo.

- **¿Y tú? ¿Cómo entras a un lugar lleno de personas que no conoces? ¿Te sientes confiada, insegura, asustada o entusiasmada?**

- **¿Y en un lugar con personas que conoces? ¿Te sentirías igual si estuvieran tus amigos? ¿Por qué sí o por qué no?**

Hemos oído decir que ocho de cada diez chicas entran en una habitación pensando que no son bienvenidas. Si eso es cierto, significa que antes que nadie haya tenido siquiera la oportunidad de tener una actitud negativa o positiva, la mayoría de las chicas llegan a la conclusión de que no dan la talla.

Espejo de bolsillo

La realidad es que la mayoría de nosotras vamos por la vida pensando demasiado en nosotras mismas. Es como si en cada situación tuviéramos nuestro propio espejo de bolsillo. ¿Conoces esos que se doblan por la mitad y suelen venir con el maquillaje? Nos miramos y nos preguntamos: *¿Estoy bien? ¿Soy suficientemente bonita? ¿Hablo demasiado? ¿Alguien piensa que soy molesta?*

Puede que nos crucemos unas con otras al mirarnos en el espejo, pero ¿alguna vez *vemos* realmente a quienes nos rodean? Es difícil ver a los demás cuando estamos ocupadas en mirarnos a nosotras mismas.

Es probable que estés de acuerdo en que es malo que una chica piense mal de sí misma. No obstante, ¿has pensado alguna vez en el daño que se hace una chica cuando no puede dejar de pensar en sí misma?

Como verás, nuestro enfoque en dar la talla en realidad es un enfoque en *nosotras mismas.*

A veces, las señales son evidentes, como las selfis tomadas con filtro, los interminables tutoriales de maquillaje, la adquisición de productos de marca o la fanfarronería. Otras señales son más silenciosas, como la inseguridad constante, evitar a los amigos friqui o negarse a hablar en defensa de los demás porque podríamos sobresalir demasiado. Independientemente de los síntomas, el pronóstico es seguro. Una vida centrada en nosotras mismas dejará nuestro corazón enfermo, débil y encadenado a un mundo de interminables comparaciones.

Sin embargo, hay un camino diferente. Una manera de vivir más feliz y saludable: una forma de vida libre del egocentrismo no solo es posible, sino que nos hace libres para ser lo que hemos sido destinadas a ser.

Un reino diferente

Cuando estuvo en la tierra, Jesús dejó muy claro que lo que *vemos* con nuestros ojos no es exactamente la realidad de cómo *son* las cosas. Aunque esto resulta fascinante, nuestra limitada perspectiva de lo que importa puede deformarse, tergiversarse y distorsionarse. Al igual que el espejo de un parque de diversiones que te hace parecer extremadamente delgada, deforme o baja, lo que ves con tus ojos y a través de tu espejo de bolsillo puede parecer real, pero no siempre es fiel a la realidad.

Dios es el único que ve con perfecta claridad. Así que la verdadera alegría y libertad solo se pueden encontrar cuando estamos de acuerdo con esta verdad: la forma como Dios ve las cosas es como realmente son.

En su paso por la tierra, Jesús enseñó que hay dos reinos en guerra entre sí. El mundo obsesionado con la competencia y su gobernante, Satanás, son parte de un reino, que te llama: "¡Ven a jugar al juego de las comparaciones!". Sin embargo, Jesús es el Rey de otro reino, que tiene una manera completamente diferente de medir y comparar.

Piénsalo de esta manera. Si estuviéramos jugando al Uno, y te dieras cuenta de que estoy tratando de llenar mi mano con tantas cartas como sea posible, como una buena amiga, probablemente te inclinarías y me dirías: "Oye... Shannon, ¿sabes que el objetivo del Uno es tener menos cartas, no más?". Jesús estaba siendo un buen amigo cuando explicó que las cosas que hemos estado tratando de acumular en realidad nos están impidiendo alcanzar la grandeza en su reino. En su bondad, nos mostró la verdad de que nuestra manera de tratar de ganar el juego de la comparación no funciona.

Los caminos de Jesús a menudo van al revés de los del mundo. "Pero muchos de los primeros serán últimos y los últimos serán primeros" proclamó repetidas veces. "Porque el que a sí mismo se enaltece será humillado y el que se humilla será enaltecido" (Mateo 19:30 y 23:12, NVI). ¿No suena un poco diferente de cómo funcionan las cosas en tu escuela? ¿O incluso en tu iglesia? Una vez, Jesús declaró: "Mi reino no es un reino terrenal... mi reino no es de este mundo" (Juan 18:36). Jesús señaló también que la única razón por la que vino al mundo fue para decirnos la verdad. Así pues, dijo: "Todos los que aman la verdad reconocen que lo que digo es cierto" (Juan 18:37).

¿Te das cuenta? El mundo, con todos sus mensajes sobre la necesidad de dar la talla, te miente sobre ti misma y sobre lo que es importante. Solo un reino está del lado de la verdad, y es el de Jesús.

Un día, muy pronto, Jesús volverá para establecer su reino aquí en la tierra. Ese día, a nadie le importará quién esté residiendo en la Casa Blanca o quién esté sentado en qué trono. El mundo entero sabrá que Jesús es el Rey de reyes, y las cosas cambiarán de manera que todo esté en conformidad con el Rey Jesús. Será entonces cuando todos nos veremos a nosotros mismos y a los demás como Dios nos ve. Puede que haya personas que subestimemos o menospreciemos que resultarán ser los grandes del reino.

La buena noticia es que Jesús quiere que seas parte de los "grandes del reino", y en este libro te vamos a mostrar cómo. Comienza con el anhelo de ver las cosas como las verás en el reino de Jesús: desde la perspectiva de Dios. Una pista: ¡No tiene nada que ver con dar la talla!

▪ **Empecemos por cómo te ves a ti misma en este momento. Cada una de las siguientes es una afirmación que Dios dice que es verdad sobre ti. Debajo de cada verdad, rodea con un círculo las palabras que mejor representen cómo piensas de ti misma.**

Dios sabe todo acerca de ti. Conoce todos tus pensamientos, todas tus palabras, todas tus acciones (Salmos 139:1-5).

Siempre verdad   A veces verdad   Tal vez   A veces falso   Siempre falso

Dios te ha hecho maravillosamente compleja. Tu cuerpo, cada parte de él, es maravilloso (Salmos 139:14-16).

Siempre verdad   A veces verdad   Tal vez   A veces falso   Siempre falso

Nunca estás sola. Tienes un Compañero constante que quiere estar contigo (Salmos 139:5-12).

Siempre verdad   A veces verdad   Tal vez   A veces falso   Siempre falso

¿Ves la diferencia entre estar centrada en ti y estar centrada en Dios? Tal vez necesitemos guardar el espejo de bolsillo.

Cuando te comprometes a ver como Dios ve, todo cambia. De repente, todas las mentiras que crees sobre ti misma y sobre los demás empiezan a perder fuerza. Las jóvenes que te rodean no son tu competencia ni una amenaza para tu felicidad, sino simplemente personas a las que Dios ha creado y a quienes conoce y ama.

Cuando ya sabes que eres amada y valorada, ¿adivina qué? Puedes guardar tu espejo de bolsillo y entrar en una habitación sin pensar en ti. En vez de eso, puedes levantar la vista con los ojos y el corazón bien abiertos para ver *a los demás*. Por fin puedes vivir libre del egocentrismo.

> *Padre:*
> *Quiero ver como tú ves. Sé que todo lo que veo y pienso no siempre se ajusta a la verdad. Guardo mi espejo de bolsillo y elijo hoy levantar la vista para ver a los demás.*
> *Amén.*

Día 4

UN ATAQUE PERSISTENTE

El propósito del ladrón es robar y matar y destruir;
mi propósito es darles una vida plena y abundante.

JUAN 10:10

PUEDE QUE NO SEAS CONSCIENTE de ello, pero tienes un enemigo, ¡y no son tus muslos, tu cabello encrespado, tu profesor de matemáticas o tu molesto hermano pequeño! Tu enemigo no es la chica de la que estás celosa ni el entrenador que te echó del equipo. ¿Tu verdadero enemigo? Se llama Satanás.

No queremos asustarte, pero creemos que es mejor que sepas que existe y que su plan para tu vida es totalmente destructivo. En la Biblia, Dios lo llama de muchas maneras: Lucifer, Satanás, el diablo, el enemigo e incluso el adversario. Las Escrituras son claras. El objetivo de Satanás es hacerte caer en sus trampas, enredarte con mentiras y apartar tus ojos de Jesús. Tristemente, una de sus trampas más eficaces (la comparación) es en la que él mismo cayó.

Una nota de Shannon: Me enfurece pensar en todo lo que Satanás quiere robarte a ti y a *todas* nosotras. El enemigo no pelea limpio. No espera a que una chica llegue a cierta edad para empezar a sembrar las semillas de la competencia y la comparación en su vida. De hecho, creo que Satanás organiza ejércitos para atacar justo cuando una chica se da cuenta por primera vez de que tiene algo especial que ofrecer al mundo. No tiene por qué ser así. Descubramos su plan y contraataquemos.

La historia de fondo

La Biblia nos relata la historia completa de Satanás y sus demonios, pero debemos prestar mucha atención a la información que Dios nos ha dado sobre el enemigo. Estarías totalmente equivocada si te imaginaras a Satanás y sus demonios como personajes de dibujos animados inofensivos con cuernos rojos y horcas. Tienen poder, verdadero poder.

Satanás era un ángel "lleno de sabiduría y de exquisita belleza" (Ezequiel 28:12). Tenía un rango y una posición, pero no le bastaba. El orgullo hizo estragos en él hasta que odió ser "menos que" Dios; odió al Dios que lo había creado para estar a su servicio. Osadamente se jactó: "seré como el Altísimo" (Isaías 14:14).[1] ¿Has notado la palabra comparativa *como*?

Aquí es donde las cosas le salieron mal a Satanás. Su perdición comenzó al querer compararse con Dios en su egocentrismo.

Satanás, un ser creado, quería compararse a Dios. ¿Puedes imaginar semejante audacia? Fue el orgullo y la maldad de Satanás lo que lo alejó de la presencia de Dios para siempre, y se llevó consigo a un tercio de los ángeles del cielo. Jesús vio a Satanás caer del cielo como un rayo (Lucas 10:18). Y cuando aterrizó en la tierra, no se humilló de buenas a primeras. Satanás estaba (y sigue estando) totalmente absorto en sí mismo.

De hecho, todavía vaga por la tierra diciéndose a sí mismo (y diciendo al mundo) la mentira de que, de alguna manera, es el rival de Dios. Su objetivo es desafiar y atacar a Dios. ¿Adivinas cómo lo hace? Haciéndonos daño a ti y a mí, a quienes Dios ama profundamente.

Esta es la diferencia entre Satanás y Jesús: Satanás está lleno de sí mismo. Jesús se vació de sí mismo, al derramar su vida en la cruz. ¿Para qué? Para poder desbaratar el plan de Satanás de destruirnos con el pecado. Jesús derrotó al enemigo, y algún día despojará totalmente a Satanás de su poder. El regreso de Jesús será el último día de los planes de Satanás. Él ya es un enemigo derrotado. Lamentablemente, eso no le impide tratar de robarnos la confianza, aniquilar nuestro propósito y destruir nuestro potencial, y a menudo utiliza la comparación para hacerlo.

Tal vez no hayas pensado mucho en cómo el enemigo utiliza tu tendencia a la comparación en contra de ti. Cuando compites, te afanas y te comparas, ¡le haces el juego! Cuando te preocupas por dar la talla en la escuela o en las redes sociales, a menudo no eres consciente de esta batalla cósmica entre nuestro enemigo y Dios. Y eso es exactamente lo que Satanás quiere. Cuanto más desconoces sus tácticas, más ventaja tiene.

El rival (pero no igual)

La buena noticia es que, aunque Satanás es un rival poderoso, no es igual a Dios, ni siquiera se acerca. Considera lo siguiente:

DIOS	SATANÁS
Creador	Creado por Dios
Todopoderoso	Creado con poder limitado
En todo lugar (Omnipresente)	Puede estar solo en un lugar
La verdad	Padre de la mentira
Luz	Lleno de oscuridad
Amor	Odio
Victorioso	Derrotado

- ¿Te llama la atención algo de este gráfico?

- **Vuelve a leer el versículo inicial de hoy (Juan 10:10). Son palabras de Jesús. Completa el siguiente cuadro. ¿Cuáles son los propósitos de Satanás y cuáles son los de Jesús? Lo hemos comenzado para ti.**

Propósitos de Satanás	Propósitos de Dios
Robar	Vida y vida en abundancia
_____	_____
_____	_____

¿Has decidido poner tu fe en Jesús y permitir que Él guíe tu vida? Si es así, hay una gran lista de cosas que el enemigo *no puede* hacerte, amiga. Dios puso límites al poder de Satanás.

- Satanás no puede estar en todas partes, pero Dios sí.
- Satanás no puede ser todopoderoso, ¡pero Dios sí lo es!
- Satanás no puede leer tu mente; solo Dios conoce tus pensamientos. Satanás solo puede observar tus acciones y escuchar tus palabras.

Satanás es todo maldad, pero Dios está lleno de bondad sin una pizca de maldad. Satanás estaba lleno de sí mismo. Jesús se vació de sí mismo. ¿La influencia de cuál de los dos elegirás?

El pirómano

Yo (Shannon) leí acerca de una familia cuya casa se incendió. Era plena noche y, cuando sonó la alarma de incendios, los padres sacaron a los niños a la calle. Mientras caminaban descalzos y en pijama, un hombre estacionó su auto a un lado de la carretera. "¿Esa es su casa?", les preguntó.

Más tarde se enteraron de que era el pirómano que había *provocado* el incendio.[2]

¿Te sorprende que volviera?

Eso es exactamente lo que hace Satanás. Provoca pequeños incendios de celos u orgullo en tu corazón al susurrarte sus ideas para dar la talla y tentarte a hacer comparaciones. Luego observa desde las sombras con una sensación de poder mientras las llamas destructivas de la comparación queman tu vida. Al igual que el pirómano que se detuvo en su auto, Satanás se contenta con ser anónimo. Le parece bien que ni siquiera sepas que te has dejado influenciar por él.

Sin embargo, a nosotras no nos parece bien. Queremos que reconozcas las señales de que el enemigo está jugando contigo y mostrarte cómo protegerte de sus malvados planes. Jesús te ofrece una manera de ser completamente inmune al ladrón que viene a robar, matar y destruir. Solo tienes que aprender a prestar atención a la voz que estás escuchando.

Jesús:
Me gustan más tus planes para mi vida que los engaños de Satanás.
Enséñame a identificar las mentiras y artimañas del enemigo.
Amén.

Día 5

CREADAS PARA UNA VIDA DE ENTREGA

No se ocupen solo de sus propios intereses,
sino también procuren interesarse en los demás.

FILIPENSES 2:4

IMAGÍNATE QUE TIENES UNA TAZA medidora, de las de vidrio, con líneas en los laterales. En tu taza están todas las cosas que te hacen ser *tú*.

¿Sacas buenas calificaciones? ¿Eres experta en trenzarte el cabello?

¿Eres súper simpática? ¿Cantas como un ángel?

¿Tienes un gran sentido del estilo? ¿Sabes hacer dibujos de estilo anime?

¿Tienes un hermano mayor que te cuida? ¿Una hermana pequeña que te adora?

¿Hablas inglés con fluidez? ¿Sabes lanzar una pelota de voleibol?

Puede que tengas cientos de dones, aptitudes y talentos combinados. ¿Puedes imaginar tu taza medidora ahí, en tus manos, rebosando de potencial? Ese potencial es exactamente lo que Dios quiere usar, y lo que Satanás quiere robar.

■ **Lee este pasaje de Santiago y rodea con un círculo las palabras que tengan que ver con una medición:**

> pero si tienen envidias amargas y ambiciones egoístas en el corazón, no encubran la verdad con jactancias y mentiras. Pues la envidia y el egoísmo no forman parte de la sabiduría que proviene de Dios. Dichas cosas son terrenales, puramente humanas y demoníacas (Santiago 3:14-15).

Tener envidia o celos es desear lo que hay en la taza de otro. Tener ambición egoísta es tratar de probar que hay más en tu propia taza. Y ninguno de estos métodos de medición está basado en la sabiduría de Dios.

■ **Vuelve atrás y subraya las tres palabras que describen la sabiduría del mundo. ¿Ves quién está influenciando en ti para que te sigas comparando? (Una pista: ¡Es tu enemigo, que quiere robar lo que hay en tu taza!).**

Si te preguntáramos para qué sirve una taza medidora, probablemente responderías: "¡Para medir!". Y tendrías razón, pero, en realidad, una taza medidora en tus manos solo es útil si se derrama lo que hay en su interior. Podemos usar nuestras tazas de potencial tanto para medirlo como para derramarlo. Tú, querida amiga, fuiste creada para que lo derrames.

Las líneas de tu taza medidora

Cuando te comparas con otra persona, hay dos resultados previsibles. O bien descubres que tienes más en tu taza que ella, o menos.

Supón que notas que tu servicio de voleibol es el más débil o que tu ropa no está tan a la moda. Quizá un chico rompió contigo y te hizo sentir insignificante. Cuando te mides y descubres que eres "menos que" alguien, solo consigues sentirte más insegura y cohibida, ¿verdad? Eso duele y te lleva a enfocarte en ti misma. Puede que mires de un lado a otro cuando te comparas, pero en el fondo, el enfoque en ti misma propio de la comparación hace que tus ojos se desvíen continuamente hacia las líneas de tu taza medidora. La mentira engañosa y tóxica es esta: *Dado que tengo menos, soy menos.*

Por otro lado, ¿y si te comparas y descubres que *sí* das la talla? Puede que tus calificaciones sean más altas o que tu ropa sea mejor. Quizá los chicos se fijen más en ti. Cuando te mides y descubres que eres "mejor que" alguien, solo consigues sentirte más importante y orgullosa, ¿verdad? No obstante, incluso entonces, tus ojos se siguen desviando hacia las líneas de tu taza medidora, porque compararte y descubrir que eres "superior" a alguien también tiene sus raíces en el enfoque en ti misma. Dar la talla nunca es un logro aislado. Requiere un compromiso de por vida. Esta mentira engañosa e igualmente tóxica dice lo siguiente: *Dado que tengo más, soy más.*

Tal vez no tengamos que decírtelo, pero ambas mentiras son ofensivas para el Dios que te hizo a ti y a *los demás.*

Compararse con los demás es siempre un territorio peligroso.

A tu enemigo no le importa si te comparas y sales en ventaja o te comparas y sales en desventaja. Solo quiere que te centres en ti misma cuando lo hagas. ¿Por qué? Porque con esa mentalidad egocéntrica te llevará directo a las trampas de la comparación como:

- Inseguridad
- Vergüenza
- Perfeccionismo
- Celos
- Timidez
- Autopromoción
- Aislamiento

- **En la lista anterior, rodea con un círculo las trampas en las que hayas quedado atrapada.**

Las trampas de la comparación te impiden avanzar, pero Jesús quiere que encuentres la libertad de una vida centrada en el Padre celestial, una vida centrada en la entrega.

Derrama tu taza

Si Jesús tuviera una taza medidora llena de su grandeza y de todo lo que tiene para ofrecer, estaría llena hasta el borde y aun rebosaría. Imagina que esa taza fuera tan grande que, si vaciaras los océanos en ella, no ocuparían más que unas gotas en el fondo. Seguramente, ¡no cabría en el universo una taza medidora que pudiera contener todo el valor de Jesús!

El cielo ya sabe lo incomparablemente valioso que es Jesús y, un día, cuando Jesús regrese, nosotros también lo veremos. Sin embargo, en la tierra, Jesús fue un hombre de aspecto bastante corriente (Isaías 53:2) de un pueblo sencillo y pequeño (Juan 1:46). Cuando empezó a sanar a los enfermos, empezaron a seguirlo multitudes de personas. No obstante, incluso cuando fue famoso, Jesús pasaba tiempo con los enfermos, los pobres y los menos populares, tanto como con los ricos, los religiosos y los populares (es decir, aquellos a los que todo el mundo admiraba).

Imagina la humillación de Jesús (el Perfecto que merece sentarse en el trono y recibir adoración eterna) que renunció a todo y fue escarnecido, rechazado, azotado y colgado en una cruz. Se humilló a sí mismo para servirnos de una manera que solo Él podía. La Biblia dice que Jesús no "vino para que le sirvan, sino para servir a otros y para dar su vida" (Mateo 20:28).

Filipenses 2:7 resalta que Jesús "*se rebajó* [se vació] voluntariamente, tomando la naturaleza de siervo y haciéndose semejante a los seres humanos" (NVI), e Isaías 53:12 señala que Jesús "*derramó su vida hasta la muerte*" (NVI).

Desde el pesebre hasta la cruz, Jesús ignoró las líneas de su taza medidora y no escatimó en entregarse. Antes bien, lo dio todo y derramó su vida por completo. Se vació por ti. Y, por eso, Dios le concedió el lugar de más alto honor en el cielo (Filipenses 2:9).

Jesús tomó lo que tenía y no dudó un segundo en entregarlo, y te pide que tú también hagas lo mismo (Lucas 9:23).

La entrega de mí misma

Cuando Jesús te invita a seguirlo, no te promete cumplir todos tus sueños de dar la talla y ser más linda, más popular o más rica que los demás. Eso es lo que el mundo proclama que necesitas para destacarte, pero lo que Jesús quiere para ti es mejor. Él quiere que te destaques y seas *realmente* importante, ¡pero importante para el reino de los cielos! En lugar de centrarte en dar la talla, Jesús te invita a inclinar tu taza medidora, a compartir lo que tienes con el mundo y a vivir libre del egocentrismo.

▪ **Fíjate en estas tres afirmaciones que Jesús hizo a quienes lo seguían.**

Subraya las palabras que implican una comparación, y haz algunas anotaciones sobre cómo difiere la forma de comparar de Jesús de la del mundo.

Los que se humillan a sí mismos serán exaltados (Mateo 23:12).

Los últimos serán los primeros y los primeros serán los últimos (Mateo 20:16, nvi).

El más importante entre ustedes debe ser el sirviente de los demás (Mateo 23:11).

Estas palabras de Jesús no tienen nada que ver con vivir en la comparación, sino con vivir en la entrega. Y cuando inclinas tu taza medidora, las líneas ya no importan. Son irrelevantes.

- **¿Qué hay en tu taza medidora? ¿Qué cualidades únicas y especiales ha puesto Dios en ti? Dentro de la imagen de la taza medidora, haz una lista o dibuja las cosas en las que te destacas, algunas de las cosas buenas que Dios te ha dado y las experiencias que te ha permitido tener.**

- Ahora rodea con un círculo las cosas que has usado para servir a los demás y escribe ejemplos específicos

Querida amiga, Jesús quiere que vivas libre del orgullo y la inseguridad. Él te invita a inclinar tu taza medidora y derramar lo que te ha dado. Esta manera de vaciarte y vivir una vida de entrega te hará libre del egocentrismo.

Amado Jesús:
Tú viniste a transformar este mundo. Quiero vivir como tú. Ayúdame a ver los dones que me has dado para que pueda servir a los demás.
Amén.

Capítulo 2

COMPARAR LOS PECADOS

Lee: El otro día estaba sentada en las gradas y me quedé observando cómo una chica buscaba un lugar para sentarse. He oído historias sobre ella y sé que se habla de los chicos con los que sale. Repasaba mentalmente todo lo que había oído de ella y trataba de determinar si era cierto. *¿Realmente* había hecho esas cosas?

Fue entonces cuando recordé que mi deber era amarla, no juzgarla. Ella no verá a Jesús en mí si la miro con desconfianza o murmuro sobre ella.

Amiga, veo este asunto de la comparación en toda mi vida ahora que me fijo en ello.

Shannon: Yo también hago eso, amiga. Y luego me pregunto qué pensará la gente de mí cuando soy yo la que está buscando un asiento, pero trato de recordar que lo que más importa es lo que Jesús ve cuando me mira a mí (o a cualquier otra persona).

bit.ly/NoComparar

CUESTIONARIO: EL BUENO Y EL MALO

HABLEMOS AHORA DE COMPARAR quién es bueno y quién es malo. O, como dice la Biblia, cuánto pecamos. Las chicas cristianas tienden a hacer este tipo de comparaciones más que el resto del mundo, y tenemos que hablar de ello. Así que empecemos con un pequeño cuestionario. No te preocupes por acertar o no las respuestas. Elige lo que crees realmente, no solo la respuesta religiosa. Esperamos que este cuestionario te ayude a pensar. Analizaremos tus respuestas en el próximo capítulo.

▪ **Rodea con un círculo la respuesta que mejor represente lo que piensas.**

1. Los pecados son:
   a. Malos pensamientos
   b. Malas acciones
   c. Hacer daño a otros
   d. Cualquier acción, pensamiento o actitud que desagrade a Dios

2. ¿Quiénes son pecadores?
   a. Los que juzgan a otros
   b. Los que son sorprendidos haciendo cosas malas
   c. Todos y cada uno de nosotros
   d. Nadie, no deberíamos usar más esa palabra

3. ¿Son perdonables los pecados?
   a. Sí
   b. No
   c. Algunos
   d. Si haces suficientes cosas buenas

4. ¿Algunos pecados son peores que otros?
   a. Definitivamente
   b. Si lastima a otra persona, es peor
   c. Más o menos
   d. Todo pecado es igual de malo, pero no todo pecado es igual de destructivo

5. Si no sabía que estaba mal, ¿sigue siendo pecado?
   a. Sí
   b. No
   c. Depende de lo que hiciste
   d. No lo sé

6. ¿Está mal juzgar a otra persona por su pecado?
   a. Sí
   b. No
   c. Solo si haces lo mismo que ella
   d. Nunca debemos juzgar el pecado

7. ¿Puede Dios perdonarme si sigo cometiendo el mismo pecado una y otra vez?
   a. Sí
   b. No
   c. Depende de cuál sea el pecado
   d. Si repito siempre el mismo pecado, no soy cristiana

8. La hipocresía es...
   a. Decirle a alguien que no haga algo que tú haces
   b. Fingir buen carácter
   c. Actuar de forma diferente según el entorno
   d. Todas las anteriores

9. La salvación viene por:
   a. Gracia
   b. Seguir las reglas de Dios
   c. Gracia y seguir las reglas de Dios
   d. Ninguna de las anteriores

¿Cómo te fue? ¿Estás segura de tus respuestas? Si tienes algunas dudas, nos parece estupendo. Porque hay mucho de qué hablar con respecto a la forma en que las chicas comparan el pecado. ¿Estás lista para dejar que Jesús guíe nuestra conversación?

Día 6

GRANDES PECADORES, PEQUEÑOS PECADORES Y OTRAS MENTIRAS

Pues todos han pecado
y están privados de la gloria de Dios.
ROMANOS 3:23 (NVI)

UNA VEZ, (SHANNON) HABLÉ con una niña llamada Cloe en la sala de niños de la iglesia después de haberle contado la historia de Jesús que murió en la cruz para salvarnos de nuestros pecados. Mientras estábamos sentadas con las piernas cruzadas en un rincón de la habitación, le pregunté: "¿Te sientes mal por haber pecado?". Quería asegurarme de que Cloe entendía la mala noticia antes de hablar de la buena, pero Cloe no entendió ninguna de las dos.

—Yo no peco —dijo.

Así que le leí un pasaje del Nuevo Testamento que enumera varios pecados y le pregunté: —¿Has cometido alguno de ellos?

No lo había hecho. Entonces le leí Romanos 3:23: "pues todos han pecado y están privados de la gloria de Dios" (NVI). Hice hincapié en la palabra *todos*. Cloe escuchó educadamente y dijo que estaba lista para volver a su grupo. Cuando llegamos, su líder le preguntó si tenía algo para comentar. Y así fue.

"*Todos* ustedes han pecado", dijo Cloe. Cuando mencionó la palabra *todos*, hizo un claro gesto con el dedo en círculo para incluir a todo el grupo. Luego, para enfatizar, repitió "*todos ustedes*" con el mismo gesto.

La historia aún me hace reír porque Cloe muestra cómo podemos confundirnos con el pecado y los pecadores. Aun así, desde el principio de su ministerio, Jesús fue muy claro: *todos* somos pecadores y necesitamos ser salvos.

> ¿Puedes decir uno de los Diez Mandamientos? Busca Éxodo 20 en tu Biblia para darles un vistazo. ¿Hay alguno que te parezca anticuado o crees que siguen siendo principios sabios para la vida hoy?

¿Qué es el pecado?

Pecamos cuando desobedecemos a Dios. La Biblia está llena de reglas de Dios, como los Diez Mandamientos del Antiguo Testamento, y también grandes secciones del Nuevo Testamento que nos enseñan cómo debemos y cómo no debemos vivir. No es que a Dios le apasionen las normas, sino que le apasiona el amor. Como un buen padre o tutor, nuestro amoroso Dios quiere que crezcamos sanamente y evitemos las consecuencias naturales del pecado. He aquí dos consecuencias principales que a menudo no tenemos en cuenta:

Consecuencia 1: Los que pecan se hacen daño a sí mismos y a otros.

Dios es santo y justo, y no permitirá que el pecado quede sin consecuencias. Algunos pecados tienen un costo más alto para nosotras y causan un daño más profundo y significativo a los demás. Si asesinas a alguien, irás a la cárcel (un costo alto). Si haces trampa en un examen, irás a la oficina de detención de tu escuela (un costo más bajo). Pero todo pecado tiene un costo, aunque no lo veas de inmediato.

Consecuencia 2: Los que pecan se alejan de Dios.

Así como los terrícolas no pueden sobrevivir en el espacio, los pecadores no pueden sobrevivir en la presencia de Dios. Por eso, cuando Adán y Eva pecaron, Dios tuvo que expulsarlos del jardín de Edén (Génesis 3:24). Perdieron el acceso al árbol de la vida y fue entonces cuando la muerte (la consecuencia más terrible de todas) entró en el mundo.

No obstante, el resto de la Biblia es la historia de amor de Dios, que viene a rescatarnos y acercarnos a Él (Efesios 2:13). No es una historia sobre personas que siguen las reglas de Dios y se limpian a sí mismas. Todos hemos pecado y no hemos cumplido las normas de Dios (Romanos 3:23), ¿recuerdas? Es una historia sobre Jesús que nos limpia del pecado y nos lleva a salvo con Dios (1 Pedro 3:18).

No existen pequeños pecadores

Nuestro mundo está lleno de personas que (como Cloe) intentan restar importancia a su pecado al comparar y señalar el pecado de los demás. En los tiempos de Jesús había un grupo de hombres llamados fariseos, que eran particularmente culpables de esto. Los fariseos eran los encargados de enseñar las leyes de Dios a su pueblo (los judíos). Decidían quién quebrantaba o no la ley y cuál sería la consecuencia. Así que piensa en los fariseos como pastores, abogados y agentes de policía, todo en uno. ¡Eran importantes!

Sin embargo, los fariseos habían convertido las leyes de Dios en un asunto de dar la talla. Los que quebrantaban la ley estaban por debajo de ellos, y los fariseos estaban en un nivel por encima. Sin siquiera darse cuenta, los fariseos cayeron en la misma trampa de comparación que el enemigo nos pone a todos. Ellos se consideraban pequeños pecadores y todos los demás grandes pecadores.

¿Sabes cómo se deletrea o-r-g-u-l-l-o? ¿Y a quién te recuerda eso? ¿A Satanás o a Jesús?

■ **¿Qué opinas? ¿Hay grandes pecadores y pequeños pecadores? ¿Qué pasa con nuestros actos individuales de pecado? ¿Hay pecados grandes y pecados pequeños? ¿Cómo clasificarías algunos pecados? (Empezaremos con algunos de los que consideramos grandes y pequeños, y tú puedes completar algunos más).**

Grandes: asesinar, robar...

Pequeños: Mentiras piadosas, chismes...

■ **¿Y el orgullo? ¿Es un pecado grande o pequeño?**

Comparar el pecado como lo hace Jesús

Una vez, un fariseo llamado Simón invitó a Jesús a una cena exclusiva para fariseos.[1] Una mujer entró sigilosamente e hizo una escena mientras lloraba y besaba los pies de Jesús. Simón observó a la mujer con disgusto, y pensó: "Si este hombre fuera profeta, sabría qué tipo de mujer lo está tocando".

Sin embargo, como Jesús *era* profeta, respondió a los pensamientos de Simón a través de esta historia: "'Un hombre prestó dinero a dos personas, quinientas piezas de plata a una y cincuenta piezas a la otra. Sin embargo, ninguna de las dos pudo devolver el dinero, así que el hombre perdonó amablemente a ambas y les canceló la deuda. ¿Quién crees que lo amó más?'. Simón contestó: 'Supongo que la persona a quien le perdonó la deuda más grande'".

Luego Jesús le cuenta una historia que denota una comparación. El primer deudor de la historia representaba a la mujer. Ella ha pecado mucho y, contrariamente a lo que piensa Simón, Jesús lo sabe. Ahora bien, ¿a quién representa el segundo deudor de la historia, el que tiene muchas menos deudas? A Simón.

Jesús está poniendo a Simón y a la mujer uno al lado del otro en esta historia. Ambos son pecadores con un problema: tienen una deuda que no pueden pagar. Y, en realidad, todos somos parte de esta historia, ¿verdad? Todos hemos pecado. Todos hemos quebrantado los mandamientos de Dios. Todos tenemos una deuda que no podemos pagar.

No importa quién tiene una deuda mayor o menor. Lo importante es que Jesús ha venido a *perdonar* nuestras deudas de pecado, ¡no importa cuán grandes o pequeñas sean!

La mujer que llora y besa los pies de Jesús entiende esta verdad. Se da cuenta de lo increíble que es que Jesús pueda perdonar su enorme deuda de pecado. Sin embargo, Simón ni siquiera ha mostrado a Jesús la cortesía usual, porque Simón se considera más importante y superior. Su disgusto condescendiente hacia la mujer muestra lo superior que se considera.

Simón puede conocer la ley y cumplirla, ¡pero está equivocado! Como verás, no hay grandes pecadores y pequeños pecadores. Solo hay personas que admiten que son pecadoras y las que no.

¿Cuál eres tú?

¿Eres como Simón? ¿Miras a los demás con disgusto, sin darte cuenta de que tú también eres una pecadora? ¿O te postras a los pies de Jesús como la mujer perdonada? Nuestro pecado no se compara con la persona más santa ni con la más vil; se compara con un Dios perfecto y sin pecado, y *todas* necesitamos a Jesús.

Padre celestial:
No hay pecados grandes o pequeños ante ti. Pensar así solo interrumpe mi relación contigo y con los demás. Ayúdame a ver el pecado como tú lo ves.
Amén.

Día 7

RECONOZCO QUE SOY UNA PECADORA

La siguiente declaración es digna de confianza, y todos deberían aceptarla:
«Cristo Jesús vino al mundo para salvar a los pecadores»,
de los cuales yo soy el peor de todos.

1 TIMOTEO 1:15

¿HAS ESTADO ALGUNA VEZ cerca de alguien que cree que es extraordinario en algo, y luego descubres que no lo es? Peor aún, ¿alguna vez has sido *tú* esa persona? ¿Alguien demasiado confiada, que no tiene los pies sobre la tierra? Así eran exactamente los fariseos de la época de Jesús, y Él utilizó una historia para demostrárselo. Así es cómo empezó todo:

> Luego Jesús contó la siguiente historia a algunos que tenían mucha confianza en su propia rectitud y despreciaban a los demás: "Dos hombres fueron al templo a orar. Uno era fariseo, y el otro era un despreciado cobrador de impuestos" (Lucas 18:9-10).

▪ **Veamos los dos personajes de la historia de Jesús de hoy. En los encabezados, Rodea con un círculo si cada uno era el bueno o el malo.**

Personaje 1: El fariseo: ¿el bueno o el malo?

Ahora bien, en función de lo que ya hemos mencionado sobre los fariseos, quizá estés pensando que el fariseo es el malo. ¿Cómo podría ser el bueno el que solo se basa en las reglas, el que actúa religiosamente, pero con frialdad, el que critica y siempre mira a los demás con desprecio? A nosotras nos puede parecer obvio que los fariseos no eran los buenos, pero la suposición del pueblo judío era que sí lo eran. ¿Por qué? Porque los fariseos eran los que estudiaban, interpretaban y enseñaban la ley de Dios. Todos, especialmente otros líderes religiosos, los consideraban superiores e influyentes.

Personaje 2: El cobrador de impuestos: ¿el bueno o el malo?

¿Qué *es* un cobrador de impuestos? Pues bien, para el público de Jesús, el cobrador de impuestos era un traidor sin escrúpulos. Los recaudadores de impuestos en Israel ganaban su dinero cobrando los impuestos, que el pueblo judío debía a un gobierno enemigo, pero a menudo se enriquecían añadiendo gastos adicionales muy altos. El pueblo judío consideraba a los recaudadores de impuestos como nosotros consideraríamos a alguien que se enriquece con la producción y venta de pornografía, a un traficante de personas o a un traficante de drogas que destruye vidas. Claramente, repugnante y vergonzoso.

De manera que cuando Jesús comienza una historia sobre un fariseo y un cobrador de impuestos, su audiencia piensa en "este es el bueno y aquel es el malo". En realidad, *ambos* son malos, y eso es precisamente lo que Jesús quiere señalar.

> El fariseo, de pie, apartado de los demás, hizo la siguiente oración: "Te agradezco, Dios, que no soy como otros: tramposos, pecadores, adúlteros. ¡Para nada soy como ese cobrador de impuestos! Ayuno dos veces a la semana y te doy el diezmo de mis ingresos" (Lucas 18:11-12).

- **Dibuja una flecha hacia arriba junto a los versículos anteriores.**

En aquellos días, el templo estaba abierto todos los días, a ciertas horas, para orar. De manera que Jesús quiere que nos imaginemos a una multitud de personas haciendo sus oraciones y al fariseo justo al frente orando en voz alta para que todos puedan escuchar.

¿Notas cómo el fariseo clasifica al cobrador de impuestos en otra categoría mientras ora? No solo agradece a Dios por guardarlo de la codicia vinculada al oficio de cobrar impuestos, sino que además agradece a Dios porque él no es *como* el cobrador de impuestos. No es la clase de persona que haría semejante cosa, y da por sentado que Dios está de acuerdo con eso. El fariseo presume de ser íntimo amigo de Dios y que le dice: "¿Puedes creer que existan personas como él?", a lo cual, según él, Dios asiente con la cabeza y responde: "Sí, lo sé. ¡Qué terrible!".

- **Amiga, ¿conoces a alguien así? ¿Alguien que claramente esté haciendo algo que tú nunca harías? Sin dar nombres, ¿qué es lo que hace que te resulta tan ofensivo?**

Cada personaje: Un pecador que necesita la salvación

La Palabra de Dios, que el fariseo conocía de principio a fin, no es para que nos elevemos por encima de otros pecadores. Dios nos dio su Palabra para que sepamos claramente que *todos* somos pecadores que necesitamos perdón y salvación.

El fariseo se considera bueno y recto por todas las cosas que hace y no hace, tal como las enumera en su oración. No roba ni hurta. No engaña a su esposa. No es como ese hombre malo. *Desde su pedestal*, el fariseo se compara con el cobrador de impuestos, lo cual es totalmente equivocado. Lo que debe hacer (lo que todos debemos hacer) es compararse, *desde su miseria*, con Dios.

Si pudiéramos ver lo grande, puro y santo que es Dios, nunca nos jactaríamos ni nos envaneceríamos en su presencia. En vez de ir a Dios con un chisme acerca de otro pecador, sabríamos que necesitamos estar a cuentas con Él y hablarle de nuestro propio pecado. Eso es precisamente lo que el cobrador de impuestos de la historia está a punto de hacer.

> En cambio, el cobrador de impuestos se quedó a la distancia y ni siquiera se atrevía a levantar la mirada al cielo mientras oraba, sino que golpeó su pecho en señal de dolor mientras decía: "Oh Dios, ten compasión de mí, porque soy un pecador" (Lucas 18:13).

Como verás, el cobrador de impuestos no está al frente con el fariseo, sino al fondo, susurrando su oración en voz baja y llorando ante Dios al reconocerse pecador.

■ **Dibuja una flecha hacia abajo junto a la oración del cobrador de impuestos en el versículo 13 que acabamos de leer.**

Jesús no nos deja la duda sobre qué piensan Él y el Padre celestial de esta escena. Lo deja muy claro:

Les digo que fue este pecador —y no el fariseo— quien regresó a su casa justificado delante de Dios. Pues los que se exaltan a sí mismos serán humillados, y los que se humillan serán exaltados (Lucas 18:14).

Lee una vez más las palabras de Jesús en el versículo 14.

■ **Si la palabra *justificado* significa "como si nunca hubiera pecado" o "perdonado", rodea con un círculo a continuación el hombre que fue justo ante Dios.**

El fariseo   El cobrador de impuestos

■ **Si *exaltar* significa "elevar" y *humillar* significa "rebajar", dibuja una flecha hacia arriba junto al hombre que fue elevado por Dios en la historia.**

¿Encerraste con un círculo a "el cobrador de impuestos" y dibujaste una flecha hacia arriba junto a él?

¿Por qué crees que Jesús exaltó al cobrador de impuestos y no al fariseo?

¿Qué personaje eres tú?

En la parábola, tanto el fariseo como el cobrador de impuestos eran pecadores, pero solo uno lo sabía, y se le notaba. El cobrador de impuestos se golpeaba el pecho y ni siquiera levantaba los ojos al cielo mientras confesaba su pecado y oraba: "Oh Dios, ten compasión de mí, porque soy un pecador" (Lucas 18:13). Sus ojos no miraban a su alrededor comparando su pecado con el de los demás. Se veía a sí mismo como el pecador de la historia, que necesitaba la misericordia de Dios.

Salmos 3:3 declara: "Pero tú, oh Señor, eres un escudo que me rodea; eres mi gloria, el que sostiene mi cabeza en alto". Si reconoces que eres una pecadora y pides misericordia a Dios, Él te pone un dedo bajo tu barbilla y levanta tu cabeza.

- ¿Con quién te identificas más, con el cobrador de impuestos o con el fariseo? ¿En algo de los dos? ¿En qué?

Al terminar la lectura de hoy, olvídate del pecado de los demás e inclina tu cabeza ante Dios para hacer la oración del cobrador de impuestos: "Oh Dios, ten compasión de mí, porque soy un pecador".

Dios:
Tú eres perfecto y santo. Ten piedad de mí. Reconozco que soy una pecadora.
Amén.

Día 8

PASÉ POR LO MISMO
Y NO SABÍA QUE ESTABA MAL

Pues el Hijo del Hombre vino a buscar y a salvar a los que están perdidos.
LUCAS 19:10

RECUERDO (LEE) EL DÍA como si fuera ayer, y todavía puedo sentir el aguijón de la vergüenza que mortificó mi corazón. Era el tercer día del campamento de verano y acababa de ducharme después de un par de divertidas horas de nadar con mis nuevos amigos. Mi bonito bikini con relleno y mi toalla mojada seguían tirados en el suelo junto a mi cama.

Había tenido que convencer a mi madre para que me dejara ir al campamento. En primer lugar, el viaje costaba mucho dinero, y mi madre, que acababa de quedarse sola, estaba ahorrando para comprarnos una casa después del divorcio de mis padres. Segundo, sería en California, al otro lado del país, pero dado que estaría con mi mejor amiga y a mi madre le caía bien, me había dado permiso.

Al salir del baño, oí las risas de unas chicas y la puerta de nuestro dormitorio cerrarse. Mi amiga Lisa estaba sentada en su cama y me miró seriamente.

"Lee, esas chicas creen que coqueteas demasiado con los chicos de nuestro grupo y que buscas llamar la atención. Quizá no deberías ponerte el bikini para ir a la piscina. Se reían de todo el relleno".

Intenté ocultar la consternación y el dolor que sentía, pero mi cara de apenas trece años debió de delatarme. Estaba destrozada. Lo había estado pasando tan bien y pensaba que le caía bien a todo el mundo. Prestaba atención en la capilla y aprendía. Sin embargo, cuando hice un rápido examen de mi vida, me di cuenta enseguida de que no era como las demás chicas, y no solo porque ellas fueran a la iglesia y yo no.

No era la primera vez que me sentía como una "chica mala", pero sí la primera que recuerdo haber pensado que no era lo bastante buena para las chicas de la iglesia.

Tardé años en darle otra oportunidad a la fe y aún más en darme cuenta de que toda mi vida pertenecía a Jesús.

Mis padres me educaron lo mejor que pudieron, pero no me enseñaron el camino de Dios. Esa enseñanza llegaría más tarde. Mientras tanto, pasé años haciendo lo que me parecía correcto y seguí el ejemplo que veía a mi alrededor. Sabía que algunas de mis decisiones estaban mal, como mentir a mis padres o hacer trampa en un examen, pero no sabía que mi comportamiento era pecado. Ahora, otras conductas y actitudes, como el orgullo y los celos, problemas mayores del corazón, bueno... *todavía* estoy aprendiendo los caminos de Dios en todo esto.

Lo sepamos o no, nuestro pecado es un problema. La pregunta para ti y para mí hoy, no importa cuánto tiempo hayamos estado caminando con Jesús, es: *¿Qué tan rápido me alejo del pecado que me atormenta y, en cambio, me vuelvo a Jesús?*

¿Te subirías a un árbol?

Hay una historia sobre un hombre que se volvió a Jesús el día que llegó a su ciudad: Jericó. ¿Has ido alguna vez a un concierto o a un espectáculo abarrotado de gente? ¿Quizá no había sitio para estar de pie y era imposible ver por encima del chico alto que tenías delante? Pues así era aquel día en Jericó. La gente se agolpaba para escuchar la asombrosa sabiduría de Jesús y ver sus sanidades y milagros. ¿Quién no querría ver un verdadero milagro?

La historia dice así:

> Jesús entró en Jericó y comenzó a pasar por la ciudad. Había allí un hombre llamado Zaqueo. Era jefe de los cobradores de impuestos de la región y se había hecho muy rico. Zaqueo trató de mirar a Jesús pero era de poca estatura y no podía ver por encima de la multitud. Así que se adelantó corriendo y se subió a una higuera sicómoro que estaba junto al camino, porque Jesús iba a pasar por allí (Lucas 19:1-4).

■ Enumera a continuación todas las características de Zaqueo que puedes encontrar en Lucas 19:1-4.

¿Recuerdas la historia que Jesús contó sobre el fariseo y el cobrador de impuestos? Pues bien, Zaqueo era un verdadero cobrador de impuestos. De hecho, era el jefe de todos los cobradores de impuestos. ¿Te imaginas a un hombre de negocios muy bajito y vestido de traje subido a un árbol porque quería saber a qué venía tanto alboroto con Jesús?

Cuando Jesús pasó, miró a Zaqueo y lo llamó por su nombre: "¡Zaqueo! —le dijo—. ¡Baja enseguida! Debo hospedarme hoy en tu casa". Zaqueo bajó rápidamente y, lleno de entusiasmo y alegría, llevó a Jesús a su casa; pero la gente estaba disgustada, y murmuraba: "Fue a hospedarse en la casa de un pecador de mala fama" (Lucas 19:5-7).

■ ¿Cómo respondió Zaqueo a la orden de Jesús?

■ ¿Cómo habrías reaccionado tú si fueras Zaqueo? ¿Te habrías sentido halagada y emocionada? ¿Curiosa? ¿Nerviosa porque tu habitación estaba desordenada o tal vez preocupada porque tu vida era un completo desastre?

■ ¿Qué murmuraban las personas en ese momento? ¿Por qué crees que lo hicieron?

¿Qué es lo que Jesús cambia?

Siempre me parece interesante lo que Jesús debió saber de Zaqueo, pero no se lo dijo en ese momento. No gritó: "Oye, Zaqueo, corrupto pecador. Baja de allí". No me malinterpretes, podría haberlo hecho, pero no lo hizo. Jesús era el único de la multitud que conocía el corazón y la historia de Zaqueo. Y lo amaba.

El simple hecho de estar con Jesús lo cambia todo. Fíjate en la respuesta de Zaqueo:

> Mientras tanto, Zaqueo se puso de pie delante del Señor y dijo:
> —Señor, daré la mitad de mi riqueza a los pobres y, si estafé a alguien con sus impuestos, le devolveré cuatro veces más.
> Jesús respondió:
> —La salvación ha venido hoy a esta casa, porque este hombre ha demostrado ser un verdadero hijo de Abraham. Pues el Hijo del Hombre vino a buscar y a salvar a los que están perdidos (Lucas 19:8-10).

Zaqueo estaba impaciente por empezar a ajustar su vida a la forma en que Jesús quería que viviera. La presencia de Jesús en la vida de un pecador debería cambiarlo todo. A menudo, una nueva relación con Jesús puede hacer que nos arrepintamos de nuestras decisiones pasadas, e incluso puede ser una buena idea intentar arreglar las cosas con las personas a las que hemos hecho daño. Zaqueo sí que lo hizo: devolvió lo que había estafado y más.

■ **¿Qué dijo Jesús que había llegado a la casa de Zaqueo aquel día?**

Salvación implica salvar algo de una pérdida o destrucción permanente. Los bomberos pueden salvar casas del fuego, pero solo Jesús puede salvar las almas. Cuando Jesús habló de la salvación de la casa de Zaqueo, no estaba hablando del edificio. Jesús estaba salvando a la persona que estaba dentro de esa casa. Estaba rescatando a Zaqueo de su pecado, y lo hace también por ti y por mí. Cuando ponemos nuestra fe en Jesús, la salvación llega a nuestra vida también. Y eso lo cambia *todo*.

La Biblia dice que las personas nacen pecadoras. Primero, está el pecado que obtenemos por el simple hecho de nacer como persona en este mundo quebrantado. Desde la primera persona (Adán) hasta ahora, cada uno de nosotros ha nacido en una condición pecaminosa. Además, cada uno de nosotros elige pecar (mentir, ser egoísta, engañar; ese tipo de cosas). No podemos limpiarnos a nosotros mismos.

La Biblia señala que "la paga que deja el pecado es la muerte" (Romanos 6:23). El pecado interrumpe nuestra relación con Dios. Corta la línea de comunicación. Desde Adán hasta nosotros, el costo del pecado no solo ha sido la muerte física y el fin de nuestras vidas aquí en la tierra, sino también la separación de Dios para siempre. Esa separación de Dios para siempre se llama muerte espiritual. Aunque Dios nos ama, nuestro pecado hace imposible que tengamos una relación correcta con Él.

Sin embargo, Romanos 6:23 no se detiene en el costo del pecado; sino que termina con estas palabras: "pero el regalo que Dios da es la vida eterna por medio de Cristo Jesús nuestro Señor". Ese regalo es *nuestra* salvación de la muerte eterna. Jesús cambió todo para nosotros cuando vino a morir en la cruz, no por su pecado, sino por el nuestro (Jesús nunca pecó). Podemos ser salvos de la deuda, la impureza y la máxima consecuencia de nuestro pecado: la muerte eterna. Romanos 10:9 dice: "Si declaras abiertamente que Jesús es el Señor y crees en tu corazón que Dios lo levantó de los muertos, serás salvo".

Jesús toma nuestro pecado y nosotros tomamos su justicia. Un trato increíble, ¿verdad? ¿Eres salva de tu pecado? Si no, ¿qué esperas? Ya es hora, ¡no esperes! Jesús hizo la parte difícil. Vuelve a leer Romanos 10:9. ¿Qué dos cosas tienes que hacer para ser salva?

¿Qué es lo que realmente importa?

Amiga, no importaba lo que la multitud pensara de Zaqueo. Y no importa lo que las personas sepan (o crean saber) de ti.

No importa si creciste en un hogar cristiano o si tus padres no quieren saber nada de la fe.

No importa si has metido la pata miles de veces tratando de cumplir las normas de Dios o si nunca te has molestado en averiguar cuáles son sus normas.

Lo que importa es lo que hagas *hoy* con Jesús.

Jesús te está invitando a que lo dejes entrar en medio del desorden de tu vida y que no solo ordene las cosas, sino que te libere de los lugares horribles donde has estado encerrada. No dejará que los errores que has cometido sean el final de tu historia. Él está listo para comenzar un hermoso y nuevo capítulo en tu vida.

Jesús:
Dame el deseo de trepar a los árboles para verte obrar en mi vida.
Haré cualquier cosa para llegar a ti, Jesús. Perdóname por las veces
que he medido mi pecado y he pensado que era demasiado para ti.
Perdóname también por las veces que he pensado que mis errores
no son tan graves. Solo quiero verte obrar en mi vida y en el mundo.
Amén.

Día 9

APARIENCIA DE SANTA

Pues las Escrituras dicen: "Sean santos, porque yo soy santo".
1 Pedro 1:16

ECHA UN VISTAZO a esta "rutina santa" publicada en Instagram por una joven influyente de las redes sociales. Aquí están sus secretos para vivir una vida santa:

"Tareas matutinas para las chicas santas que van a la escuela"
Levantarse temprano
Hacer la cama
Beber agua
Leer la Biblia
Orar por la familia
Ducharse
Hacer la rutina de cuidado de la piel
Vestirse rápido
Comer un desayuno saludable
Cepillarse los dientes
Preparar la mochila
Ser puntual

¿Se parece tu rutina matutina a la de esta chica? ¿Te aseguras de hacer todas las tareas de tu lista cada día? Nosotras no siempre llegamos a hacer todo. A veces, Shannon no se quita el pijama y se pone a trabajar. Lee siempre llega tarde. Aunque podríamos ponernos de pie y aplaudir el poder de los buenos hábitos (especialmente pasar un tiempo con Jesús por la mañana), también conocemos el peligro de usar los hábitos santos como una vara de medir para calmar nuestro corazón inclinado a la comparación.

¿Los hábitos te hacen santa?

¿Recuerdas la historia que vimos el día seis sobre el fariseo que oraba? Ese hombre tenía hábitos santos. Tenía reglas para la oración, las ofrendas, la limpieza, la comida, el trabajo, ¡y hasta reglas que *prohibían* trabajar! La lista para ser un buen fariseo era interminable. Aunque la mayoría de los fariseos deseaban obedecer a Dios, cuando Jesús apareció en escena parecían más interesados en la lista de deberes para dar la talla que para agradar a Dios.

Jesús no tardó en cuestionar la motivación de su lista de deberes.

- ¿Cuáles de las siguientes cosas buenas te hacen santa? (Marca todas las que sean necesarias).

  ☐ Memorizar las Escrituras
  ☐ Orar
  ☐ Ir a la iglesia
  ☐ Obedecer a tus padres
  ☐ Dar dinero a los necesitados
  ☐ Hablar a otros de Jesús

Era una pregunta con trampa, ¿no te parece? La santidad no es marcar casillas de cosas que se deben hacer. Aunque todas esas cosas son buenas y ayudan a que nuestras vidas se parezcan a la de Jesús, ninguna de ellas en sí nos conduce a la santidad. Solo Jesús puede hacerlo.

¿Qué es la santidad?

Santo es una palabra que Dios utiliza para describirse a sí mismo.

> ¡Nadie es santo como el Señor!
> Aparte de ti, no hay nadie;
> no hay Roca como nuestro Dios.
> (1 Samuel 2:2)

Oh SEÑOR, entre los dioses, ¿quién es como tú:
>   glorioso en santidad,
imponente en esplendor,
>   autor de grandes maravillas?
>>>   (Éxodo 15:11)

Exalten al SEÑOR nuestro Dios,
>   y adoren en su monte santo, en Jerusalén,
>   ¡porque el SEÑOR nuestro Dios es santo!
>>   (Salmos 99:9)

Dios nunca es egoísta. Siempre es bueno, amable y amoroso. De manera que Dios es la norma de la perfección moral. Santidad implica estar apartado, y cuando hablamos de que Dios es santo, queremos decir que está completamente libre (apartado) del mal y del pecado. La santidad en Dios, y en su Hijo, Jesús, es la perfección.

Dios pide a sus seguidores que también sean santos. Pablo dijo: "Incluso antes de haber hecho el mundo, Dios nos amó y nos eligió en Cristo para que seamos santos e intachables a sus ojos" (Efesios 1:4). Sin embargo, la santidad en nosotras no tiene que ver con la perfección. Eso no es lo que Dios exige de nosotras. Por eso envió a Jesús, que vivió una vida perfecta y murió en nuestro lugar, porque nosotras nunca podríamos hacerlo.

Dios no nos pide que seamos santas para dar la talla delante de Él o de los demás. Dios quiere que vivamos apartadas (santas) del pecado por amor a Él y a los demás. Afortunadamente, no se trata de marcar casillas, cumplir una lista de cosas para hacer o simplemente acabar con los malos hábitos, y Dios nunca nos deja solas en el proceso de transformación.

¿Cómo llego a ser santa?

Desde el día en que naciste, has tenido un cartel que dice "en construcción" colgado sobre tu vida, pero no son tus padres quienes te están construyendo, y no depende de ti terminar la obra. Escucha lo que dijo el apóstol Pablo sobre esta obra de construcción:

Y estoy seguro de que Dios, quien comenzó la buena obra en ustedes, la continuará hasta que quede completamente terminada el día que Cristo Jesús vuelva (Filipenses 1:6).

Pues somos la obra maestra de Dios. Él nos creó de nuevo en Cristo Jesús, a fin de que hagamos las cosas buenas que preparó para nosotros tiempo atrás (Efesios 2:10).

- **Vuelve a leer los dos versículos anteriores y subraya la palabra _Dios_ y cada vez que se hace referencia a Dios. (Una pista: _quien_ y _Él_ hacen referencia a Dios).**

- **¿Qué aprendiste acerca de lo que Dios está haciendo en tu vida en este momento?**

Si has dicho que Dios está obrando en tu vida, ¡estás en lo cierto! Segunda de Corintios 3:18 nos enseña que "el Señor, quien es el Espíritu, nos hace más y más parecidos a él a medida que somos transformados a su gloriosa imagen".

Dios está empeñado en que te parezcas a Jesús. De hecho, está aún más comprometido que tú a cambiarte y transformarte, pero tú tienes un papel que desempeñar en este proceso de transformación.

- **Busca Romanos 12:2 (NVI). Completa los espacios en blanco del siguiente versículo.**

No se _____ al _____ actual, sino sean

_____ mediante la renovación de su _____.

Así podrán comprobar cómo es la _____ de Dios:

_____ , agradable y_____.

- **Rodea con un círculo todas las cosas que crees que te ayudarán a crecer en santidad y en tu relación con Jesús.**

Orar   Leer la Biblia   Redes sociales   Iglesia

Descansar   Buenas amistades   Tostadas con aguacate

Memorizar las Escrituras   Escuchar música de alabanza

Escribir un diario personal   Hacer una lista de agradecimientos

Ver una puesta de sol   Ir a terapia   Celebrar   Buenos libros

Limitar el tiempo de uso del teléfono   Pintar una puesta de sol

Dios quiere hablarte a través de su Palabra. Espera con interés escuchar tus oraciones. Quiere que elijas amistades con las cuales seguir a Jesús y una iglesia que te ayude a crecer. Memorizar las Escrituras y escuchar música de alabanza puede ayudar a transformar tu mente, pero también lo pueden hacer largas caminatas a solas, usar la creatividad para adorarlo y, a veces, incluso tomar una siesta. Todas estas cosas son buenas, pero ninguna de ellas debería emplearse como una vara para medir la piedad.

¿No es propio del enemigo tomar nuestro buen crecimiento y usarlo para tentarnos a volver a medirnos? Nunca dejará de tentarnos para que caigamos en el orgullo de dar la talla. Y Dios nunca detendrá su obra de transformación para hacernos más humildes y parecidas a Jesús.

Recuerda: Satanás estaba lleno de sí mismo, mientras que Jesús se vació de sí mismo. ¿Permitirás que Dios te moldee a la imagen de Jesús hoy?

Padre celestial:
Estoy contenta de saber que no es tarea mía transformar mi vida, sino que tú te asociarás conmigo para hacerlo. Ayúdame a formar hábitos piadosos que hagan crecer mi relación contigo, sin convertirlos en una vara para medir la piedad.
Amén.

Día 10

ORGULLO DE CHICA DE IGLESIA

Si confesamos nuestros pecados a Dios, él es fiel y justo
para perdonarnos nuestros pecados y limpiarnos de toda maldad.
1 JUAN 1:9

CUANDO ERA ADOLESCENTE, Jésica se esforzaba por dar la talla. Era la chica perfecta de la iglesia y la estudiante modelo, pero tenía un secreto. Era adicta a la pornografía.

Todo empezó cuando hizo clic en un anuncio en línea. El vídeo que aparecía era como ver un choque de trenes. No quería mirar, pero no podía apartar la vista. Curiosa, Jésica exploró el sitio y descubrió que era un lugar donde podía obtener la aceptación y la admiración que su corazón ansiaba si hacía las cosas que los hombres le pedían. Aquí siempre la deseaban. Así que volvió a ese sitio una y otra vez.

Cuanto más se adentraba en la pornografía, más le exigía, hasta que finalmente se apoderó de toda su vida. Jésica pasaba hasta seis horas al día en Internet, y las horas restantes se aseguraba de que todos en casa, en la escuela y en la iglesia supieran que era perfecta.

Intentó dejarla. Se golpeaba la cabeza contra la bañera pensando que el dolor la ayudaría a dejarla, pero no podía. Necesitaba ayuda, pero sabía que en cuanto se lo contara a alguien, sería la adicta a la pornografía. Ese pensamiento era devastador.

Un día, Jésica fue al funeral de alguien de su edad y escuchó hablar de cuánto esa chica había amado a Jesús. *Esto es lo que quiero,* pensó. Todos sus esfuerzos por impresionar a los demás mientras ocultaba su pecado la habían llevado a tener una vida vacía. Quería que su vida tuviera valor y sabía que

Jesús era la respuesta. Después del funeral, Jésica se arrodilló en el altar de la iglesia y dijo: "Dios, si puedes hacer algo de este desastre, te lo entrego. ¿Puedes volver a escribir mi historia desde aquí?".

Algún tiempo después, Jésica respondió a un llamado en una conferencia cristiana donde invitaban a quienes necesitaban ayuda para vencer un pecado a escribirlo en un papel. Sintió que Dios le decía: *"Has estado buscando un lugar seguro donde confesarte. Todo lo que tienes que hacer es escribir tu nombre y que luchas con la pornografía"*. Así lo hizo.

Posteriormente, una líder piadosa le tendió la mano y empezó a ayudar a Jésica durante meses de oración y consejería. Hoy, Jésica está libre de su adicción secreta porque la sacó a la luz. Ha aprendido que su vida tiene valor, no porque da la talla ante los demás, sino porque Dios mismo lo dice.

Querida joven, ¿tienes un pecado que has mantenido oculto durante demasiado tiempo? Tal vez luchas con la pornografía, la mentira, un trastorno alimenticio o el hurto. Sea lo que sea, tu enemigo quiere mantenerte atrapada en la oscuridad, tratando desesperadamente de que parezca que estás dando la talla, mientras tu problema de pecado se está infectando y está contaminando los rincones oscuros de tu vida, pero Jesús te invita a humillarte y admitir que tienes un problema. A sacar tu pecado a la luz, como lo hizo Jésica.

A veces, los hábitos pecaminosos con los que más luchamos pierden su poder cuando los comentamos con otra persona. ¿Quién puede ayudarte a arrepentirte delante de Dios?

> "Esto es el evangelio: Somos más pecadores e imperfectos de lo que jamás nos atrevimos a creer, pero al mismo tiempo somos más amados y aceptados en Jesucristo de lo que jamás nos atrevimos a esperar".
> —Timothy Keller[2]

A la Luz

¿Hay algo que te impide confesar tu pecado a Jesús? ¿La vergüenza? ¿Temor a las consecuencias o a quedar expuesta? ¿Miedo a la reacción de otra persona si se entera de la verdad?

Cuando (Lee) tenía doce años, dije una mentira enorme sobre alguien y terminó por afectar a toda nuestra familia. Estaba muy avergonzada, pero en lugar de confesarlo, mi orgullo y mi miedo me llevaron a lugares cada vez más oscuros mientras intentaba ocultar mis huellas. Durante los años siguientes, las mentiras y la vergüenza de mi engaño fueron casi insoportables. Cuando estaba sola, me preguntaba si valía la pena vivir. Detestaba quién era.

Hasta que apareció Jesús.

Cuando estaba en la escuela secundaria, por fin escuché la verdad sobre Jesús de una manera que pude entender. Finalmente, la verdad de que Dios perdonaba *todos* mis pecados se abrió paso a través de la oscuridad. Le pedí a Jesús que me salvara y supe que me había perdonado y que era hija de Dios.

Aún tardaría mucho tiempo en confesar la verdad sobre mi mentira. Durante seis años enteros, esa mentira me mantuvo cautiva. Seis años de mi vida, pensando cada día (a veces varias veces al día) en el único pecado que creía que nunca podría confesar, que nunca podría mencionar. Hasta que un viernes miré a una mentora a los ojos y le dije: "Cuando tenía doce años...". Estallé en lágrimas y la vergüenza reprimida se apoderó de mí. Mi mentora, que sabía cuánto había llegado a amar a Jesús, me miró a los ojos y me dijo: "Lee, Jesús murió en la cruz para perdonar ese pecado. Es hora de terminar con la vergüenza. Levanta la cabeza. Lee, Jesús quiere que te diga que te ha perdonado por completo y que te ama".

Lloré y lloré y lloré.

Aquella tarde fui a nadar, y recuerdo que me quedé mirando el agua que brillaba a mi alrededor tan limpia y radiante. "Jesús, nunca me había sentido tan limpia por dentro. Sabía que me habías perdonado, pero ahora me siento libre", le susurré.

> Y él da gracia con generosidad. Como dicen las Escrituras: "Dios se opone a los orgullosos pero da gracia a los humildes". Así que humíllense delante de Dios. Resistan al diablo, y él huirá de ustedes. Acérquense a Dios, y Dios se acercará a ustedes. Lávense las manos, pecadores; purifiquen su corazón, porque su lealtad está dividida entre Dios y el mundo... Humíllense delante del Señor, y él los levantará con honor (Santiago 4:6–8, 10).

- **Escribe estas palabras a continuación: "Él da gracia con generosidad".**

¿Necesitas gracia?

Siempre hay suficiente gracia para ti, amiga. Gracia y perdón de sobra para todas nosotras, pero debemos humillarnos delante de Él.

■ **¿Hay algo que le hayas ocultado por miedo u orgullo? Escríbelo o dibú-jalo a continuación.**

■ **Vuelve al pasaje y dibuja flechas junto a la palabra *humildes*.**

¿Qué pasaría si los que amamos a Jesús fuéramos los primeros en humillar-nos? ¿Qué pasaría si las chicas de la iglesia fueran las primeras en mirar a otro pecador a los ojos y decirle: "Yo también necesito a Jesús"?

No sé exactamente qué pasaría, pero sé que sería bueno. Muy bueno.

Jesús:
No quiero que el orgullo, la vergüenza o el miedo se interpongan en nuestra relación. Ayúdame a ser una guía que muestre el camino a Jesús para que mis amigas puedan encontrar gracia sobre gracia en ti. Amén.

Capítulo 3

COMPARAR LA BELLEZA

Shannon: Lee, hoy me subí a la báscula después de llegar de las vacaciones. ¡Qué mal, mal, MAL! No sé lo que voy a hacer. Luego en Instagram vi lo delgadas que están las demás. ¿Por qué soy la única que engorda?

Lee: ¡Seguro que no eres la única que engorda en vacaciones! Recuerda que nuestra meta es estar sanas, no parecernos a otra persona. No pasa nada con darse el gusto de comer un helado de vez en cuando. Relájate, viajar puede ser agotador, luego ponte las zapatillas para hacer un poco de ejercicio y termina con algo de comida sana. Verás que tomar esas decisiones saludables te hará cambiar de manera de pensar.

CUESTIONARIO: ESPEJITO, ESPEJITO

LEVANTA LA MANO si no siempre te gusta lo que ves en el espejo. Si eres como la mayoría de las chicas, eres tu peor crítica, pero no te preocupes. Para hacer este cuestionario no necesitas espejos. Solo queremos hacerte algunas preguntas sobre cómo respondes a los espejos en tu vida.

1. ¿Cuánto tiempo dedico a arreglarme por la mañana o antes de salir?
   a. 0-15 minutos   1 pto.
   b. 16-30 minutos   3 ptos.
   c. 31-60 minutos   5 ptos.
   d. 60+ minutos   7 ptos.

2. ¿Cuántos intentos me suele llevar tomarme una selfi con la que esté contenta?
   a. No me tomo selfis   0 ptos.
   b. 1-2   2 ptos.
   c. 3-5   4 ptos.
   d. 6+   6 ptos.

3. ¿Cuántas veces al día desearía poder cambiar algo de mi apariencia?
   a. 0-1   1 pto.
   b. 2-5   3 ptos.
   c. 6-10   6 ptos.
   d. 10+   9 ptos.

4. ¿Con qué frecuencia selecciono mentalmente o me fijo en quién es la chica más bonita del lugar?
   a. Siempre   8 ptos.
   b. Con frecuencia   5 ptos.
   c. Solo en la escuela   3 ptos.
   d. Rara vez   1 pto.
   e. Nunca   0 ptos.

5. ¿Con qué frecuencia pienso en cómo otra persona podría mejorar o cambiar su aspecto físico?

   a. Cada hora   8 ptos.

   b. Cada día   4 ptos.

   c. Cada semana   2 ptos.

   d. Casi nunca   1 pto.

   e. Nunca   0 ptos.

Suma los puntos de tus respuestas para obtener el total: _____

2-12 puntos: Amenaza baja

¡Increíble! ¡Es impresionante! Parece que comparar la belleza física y la apariencia de ti misma y de los demás es un terreno en el que vas ganando. Mantente alerta. ¡Está bien querer ser bonita y practicar una buena higiene! Sin embargo, no es lo más importante de ti.

13-25 puntos: Amenaza media

Es difícil mantenerse equilibrada a la hora de comparar la belleza, ¿no es cierto? ¿Hay algún área de tu vida sobre la que te sientas desequilibrada o que te haya dado vergüenza responder? Nosotras también. Es probable que la apariencia física esté comenzando a llamar demasiado tu interés. Dedica algún tiempo a pedir a Dios que te ayude a resaltar y sanar este aspecto de tu vida mientras trabajamos juntas durante los próximos cinco días.

26-38 puntos: Amenaza alta

¡Cuidado! El total indica que le das un valor alto y, probablemente, poco saludable a tu propia apariencia y la de los demás. La obsesión, el orgullo y el autodesprecio son muy perjudiciales en la vida de una mujer. Nos alegra mucho acompañarte. Detente y pide a Dios que traiga sanidad a esta área de tu vida, y considera pedir a una amiga o a un adulto de confianza que ore contigo acerca de esta lucha.

Ya sea que hayas obtenido un total alto o bajo, nuestro objetivo es ayudarte a estar lista para enfrentarte al próximo espejo o cámara de teléfono con la verdad sobre tu apariencia, y ayudar a tus amigas a hacer lo mismo.

Día 11

MI ASPECTO EXTERNO

No se interesen tanto por la belleza externa: los peinados extravagantes, las joyas costosas o la ropa elegante. En cambio, vístanse con la belleza interior, la que no se desvanece, la belleza de un espíritu tierno y sereno, que es tan precioso a los ojos de Dios. Así es como lucían hermosas las santas mujeres de la antigüedad. Ellas ponían su confianza en Dios.

1 PEDRO 3:3-5

"NO ES FEA", oí (LEE) a la niña susurrar en voz alta a su madre. Intenté no reírme, al darme cuenta de que, a pesar de los esfuerzos del equipo de teatro, no habíamos conseguido que mi imagen fuera la de una princesa poco agraciada. Durante tres semanas en la universidad, interpreté a la princesa Camilla en *El patito feo*, una obra sobre una princesa sin atractivo que se transforma en una mujer hermosa cuando un príncipe se enamora de ella tal como es.

Esas tres semanas fueron el único momento de mi vida en el que quise ser una mujer común y corriente. La inmensa mayoría de mi vida he querido ser mucho más que común y corriente: he querido que mi belleza externa fuera descomunal.

Sé que no soy la única. Shannon y yo nos reunimos y oramos con mujeres que probablemente tengan la edad de tu mamá o tu abuela, y todavía luchan para no comparar la belleza. Sin embargo, la mayoría de nosotras estamos de acuerdo en que era más difícil cuando teníamos tu edad.

No era suficientemente bonita

En una ocasión, mientras enseñaba a un grupo de personas, Jesús preguntó: "¿Y por qué preocuparse por la ropa?" (Mateo 6:28). Luego les mostró la hierba mecida por el viento y adornada de coloridos lirios. La hierba no se preocupa por su ropa. Dios viste la hierba. Y si Dios embellece la hierba, ¿no hará lo mismo contigo? Esta era la lógica de Jesús. Dios te ama, y puedes confiar en Él con respecto a tu apariencia.

Al principio, nuestra amiga Raquel no tuvo ningún problema en creer esta verdad. Sus padres le enseñaron que era especial, un tesoro que Dios había creado con belleza, bondad y talentos. Y ella les creyó. Cuando era adolescente, Raquel albergaba la idea de que algún día llegaría un joven especial y piadoso que la amaría y la vería hermosa. Seguiría esperando en Dios, confiando en Él y creyendo en la verdad sobre sí misma. Ese era su plan. Era su fundamento.

Un viernes por la noche, después de un partido de fútbol, el padre de Raquel entró en el estacionamiento del colegio y, mientras ella subía al auto, vio por la ventanilla trasera cómo varias de sus mejores amigas (todas ellas animadoras bonitas y populares) se encontraban con su "amigo especial" antes de ir al baile, pero nadie especial esperaba a Raquel que, en cambio, regresaba a casa con sus padres.

Fue entonces cuando Raquel llegó a la terrible conclusión de que su plan no funcionaba. Era una perdedora en un mundo de ganadores, y toda su espera, confianza y fe nunca la convertirían en una ganadora. No era suficientemente bonita. No era suficientemente delgada ni muy elegante. Y su fe en Jesús nunca podría ofrecerle esas cosas. Lo que necesitaba era un nuevo plan de acción. Una nueva estrategia. En resumen, Raquel *tenía* que ir al baile. Lo que significaba que *tenía* que usar un vestido del mismo tamaño que vestían sus amigas. Raquel tomó la decisión, allí en la parte trasera del auto de su padre, de dejar de concentrarse en su belleza interior. Iba a concentrarse en la parte de ella que todos podían ver.

■ **¿Te sientes a veces una perdedora en un mundo de ganadores? ¿Te preocupa que tu apariencia física te deje en desventaja? ¿Te motiva cambiar tu apariencia para obtener lo que deseas y poder dar la talla? Escribe lo que piensas a continuación:**

Raquel no se dio cuenta en ese momento, pero su enemigo acababa de utilizar la comparación para iniciar quince años de lucha, autodesprecio y adicción a la comida, cosas que la acompañarían desde la adolescencia hasta la edad adulta. Te contaremos más de su historia más adelante, pero por ahora nos gustaría que pienses en lo destructivo que es creer las mentiras del enemigo sobre tu apariencia en lugar de creer lo que Dios dice de ti.

Ansiedad ante el espejo

Nuestra cultura pone mucho énfasis en el aspecto físico. Y entonces te desplazas por las redes sociales y ves a chicas que conoces (y a otras que no) con rostros impecables, vientres planos y cinturas diminutas y tonificadas. Aunque sabes que algunas de ellas utilizan filtros para crear un cutis impecable, una piel bronceada y un maquillaje perfecto, las imágenes te atraen. Es muy doloroso sentirte disminuida al compararte. Es muy tentador obsesionarte con lo que ves en el espejo y muy peligroso cuando lo haces.

El objetivo de dar la talla ante los que nos rodean provoca todo tipo de estrés y ansiedad. Cuando nos obsesionamos frente al espejo, lo que nos preocupa es la mirada de los demás. Nos preguntamos: *¿Cómo me veo? ¿Cómo me ven? ¿Se fijarán en mí? ¿Y si no?*

Sin embargo, Dios no creó tu apariencia para que te sintieras superior a los demás (o inferior). Puede que tengas un cabello sedoso, muslos tonificados o bellos ojos azules, pero si piensas que esas cualidades son una "ventaja competitiva", has caído de nuevo en la trampa de este mundo obsesionado con las comparaciones.

- **Repasa los versículos de este día.**

   En estos versículos, ¿qué es lo contrario a estar obsesionada y ansiosa ante el espejo?

¿Cómo puede quedar oculta la belleza? ¿Quién ve esta belleza?

Cuando la belleza externa se desvanece, ¿qué queda?

- Cuando seas mayor y (tal vez) canosa, ¿qué quieres que la gente diga de ti?

Un cimiento oculto

Mientras yo (Shannon) conversaba un día con una amiga en su casa, le pregunté: "¿No te parece que la chimenea de esa persona está inclinada?". No fue mi imaginación. En las semanas siguientes, apareció una delgada línea de luz entre la gigantesca chimenea de piedra y la casa. La inclinación se hizo cada vez más pronunciada hasta que un día (con crujidos, gruñidos y chasquidos) se derrumbó y quedó reducida a un montón de escombros. ¿Por qué ocurrió eso? Porque la chimenea estaba construida sobre arena, no sobre cimientos de cemento.

Jesús concluyó aquel sermón en el que hablaba de los lirios, con una historia que comparaba a un hombre sabio, que construyó su casa sobre una roca sólida, con un hombre necio, que construyó su casa sin ningún cimiento. Cuando llegó la tormenta, la casa del sabio se mantuvo firme, pero la del necio se derrumbó por completo. ¿Cuál era la diferencia entre los dos? El sabio escuchó las promesas de Jesús y las convirtió en el cimiento de su vida. Dio importancia a las palabras de Jesús. El hombre necio, no.

Querida amiga, ¿darás importancia a las palabras de Jesús? ¿Construirás tu vida sobre lo que *Él* dice y no sobre lo que dice el espejo? Cuando Raquel decidió concentrarse en la parte de ella que todos podían ver, su vida comenzó a desmoronarse. Dios quiere que cultivemos *una belleza oculta bajo la superficie.* Quiere que nuestros cimientos estén *debajo* de lo que todo el mundo ve.

La belleza de la joven sabia está menos ligada a su apariencia y más a Aquel en quien ella confía. Ella *sí* escucha cuando Jesús habla de los lirios y del Dios que cuida de ella. Su confianza en Dios se extiende como un cimiento bajo su guardarropa, su espejo y su vida entera (Salmos 18:2). Incluso cuando llegan las tormentas, y no la invitan al baile o no le cabe el vestido, la chica sabia tiene un cimiento oculto de confianza en Dios, que la hace libre.

Jesús:
El mundo dice que mi apariencia física es lo único que importa.
Ayúdame a construir mi vida sobre lo que tú dices de mí, no sobre lo que dice el espejo.
Amén.

Día 12

MAQUILLAJE, PEINADOS
Y ESTAR A LA MODA

*Pues somos la obra maestra de Dios. Él nos creó de nuevo
en Cristo Jesús, a fin de que hagamos las cosas buenas
que preparó para nosotros tiempo atrás.*
EFESIOS 2:10

HOY FUE UN JUEGO COMPLETO de pestañas con aplicación profesional. El mes pasado fueron unas uñas esculpidas, ¿y mañana? Solo Pinterest puede saberlo.

Es difícil decidir cuál es el límite cuando se trata de cultivar la belleza. Agradecemos los tutoriales en línea, los consejos sobre maquillaje y cuidado de la piel, y las asesoras de imagen que nos ayudan a combinar prendas de distintas maneras. Hemos aprendido a recogernos el cabello, a hacernos ondas perfectas y cinco maneras de hacer que nuestra vestimenta diaria sea espectacular. Sin embargo, todos estos conocimientos tienen un lado oscuro. En el mejor de los casos, la distracción que nos desvía de lo más importante se ha apoderado de nosotras. En el peor de los casos, ha surgido en todas nosotras el descontento y el miedo a no ser nunca suficientes.

¿Qué dice la Biblia sobre la belleza?

A Shannon y a mí nos tomó por sorpresa la primera vez que nos dimos cuenta de que Dios utilizaba palabras comparativas para describir la belleza externa de una persona. Seguramente, a Dios no le importa ni piensa en nuestra apariencia, ¿no es cierto? No. Totalmente falso.

En ninguna parte de las Escrituras leemos que Eva era una mujer físicamente hermosa, pero ¿no te la imaginas hermosa? En ese momento, la creación era perfecta ya que no había sido manchada por el pecado. Las Escrituras señalan que estaba desnuda y no se avergonzaba, ¡pero estamos seguras de que no muchas personas se sienten tan cómodas con su físico hoy día! Todo lo que sabemos sobre su apariencia es que, cuando Dios la creo, "miró todo lo que había hecho, ¡y vio que era muy bueno!" (Génesis 1:31).

La primera vez que las Escrituras señalan que una mujer era físicamente bella es al describir a la esposa de Abram, Sarai. "Cuando Abram llegó a Egipto, todos notaron *la belleza* de Sarai" (Génesis 12:14). La siguiente vez que se menciona la belleza es en relación con Rebeca, la futura nuera de Abraham y Sara. "Rebeca era *muy hermosa*" (Génesis 24:16). A continuación, Jacob, el hijo de Rebeca, se enamora de una mujer, Raquel, cuya hermana se llama Lea. Fíjate cómo las describe la Biblia: "No había brillo en los ojos de Lea, pero Raquel tenía una hermosa figura y una cara bonita" (Génesis 29:17).

¿Por qué hacer un seguimiento de la apariencia de las primeras protagonistas de la Biblia? Porque ver y apreciar su belleza no estaba mal. Dios no solo las creó hermosas, sino que preservó ese detalle de la historia para nosotras. ¿Has notado el detalle de que no había brillo en los ojos de Lea? Podrías pensar que Dios pasaría por alto ese detalle, pero destacar eso sobre los ojos de Lea no estaba mal.

A lo largo de las Escrituras, encontramos palabras que describen la apariencia física. Sorprendentemente, hay veces en que Dios incluso compara la apariencia de las personas. Sobre el rey Saúl, la Biblia dice: "Su hijo [de Cis] Saúl era el hombre más apuesto en Israel; era tan alto que los demás apenas le llegaban a los hombros" (1 Samuel 9:2).

Sobre la reina Ester, las Escrituras señalan: "Mardoqueo tenía una prima joven muy hermosa y atractiva que se llamaba Hadasa, a la cual también le decían Ester" (Ester 2:7). Después de muchos meses de tratamientos de belleza, "al rey le gustó Ester más que todas las demás mujeres, y ella se ganó su aprobación y simpatía" (Ester 2:17, NVI).

- ■ **Si Dios describe estos detalles sobre la apariencia física de hombres y mujeres, ¿qué podemos deducir acertadamente? ¿Por qué?**

¿Has llegado a la conclusión, como nosotras, de que la belleza es creación de Dios? La belleza física no es un problema, como tampoco lo es apreciarla en nosotras mismas o en los demás. De hecho, hay veces en que Dios usa la apariencia física y el atractivo de las personas para lograr sus propósitos, como en el caso de la reina Ester.

La trampa del enemigo es hacer de la belleza física la medida del valor de una persona. El apóstol Pablo explica que las mujeres deberían preocuparse mucho menos por la ropa que usan y por cómo se arreglan el cabello y más por hacer el bien, lo que demuestra nuestra adoración a Dios (1 Timoteo 2:9-10). Como verás, fuimos creadas para servir a Dios. Es natural y bueno ser físicamente hermosas, pero esto puede ser una distracción para nosotras y para los demás, que nos desvíe de nuestro verdadero propósito. Queremos que otros nos miren y digan: "Hay algo diferente en ella". Sin embargo, queremos que ese algo que notan en nosotras sea nuestro carácter y fe en Jesús.

Maneras de saber si estar a la moda te está desviando de tu propósito:
- ¿Gasto más de lo que mi familia o yo podemos pagar?
- ¿Creo que estar a la moda me hace mejor que los demás?
- ¿Mido a los demás por su cabello, maquillaje o ropa?
- ¿Determino de antemano mis amistades en función de su apariencia física?
- ¿Comprometo a veces mis valores para seguir las tendencias?
- ¿Me concentro más en ser bella que en ser *quien* Dios quiere que sea?

¿Por qué Dios no me dio ojos azules?

Amy Carmichael nació en un pueblo de Irlanda del Norte. Tenía el cabello castaño oscuro y unos ojos marrones profundos, pero deseaba con todo su corazón que sus ojos fueran azules como los de su madre. Incluso oró para que Dios cambiara el color de sus ojos y se sintió decepcionada cuando esa oración nunca recibió respuesta.

Tardó unos años, pero Dios acabó por ganarse el corazón de Amy y sus planes futuros. A los veinte años de edad, se comprometió a servir a Dios a tiempo completo como misionera y viajar a lugares lejanos. Cuando finalmente se estableció en un lugar, Amy se encontró en la India, en una obra para rescatar y ayudar a niños hindúes. Amy oscurecía su piel con café para igualarla a la de los nativos que la rodeaban, pero gracias al buen plan de Dios, sus ojos tenían el color preciso. Marrón oscuro, no azul irlandés.

Al igual que Amy, cuando empezamos a comparar las apariencias físicas, a menudo terminamos insatisfechas con nuestra propia apariencia. Sin embargo, esos rasgos que no nos gustan pueden ser exactamente lo que Dios utilice para ayudarnos a mostrar su amor al mundo. Dios crea y se fija en nuestra apariencia física, y utiliza nuestro aspecto externo como parte de su plan. Sin embargo, el aspecto externo no es un indicador de:

- lo que Dios puede lograr a través de una persona
- a quién ama
- los dones y la utilidad de una persona
- la piedad o la sabiduría de una persona

Dios quiere utilizarlo todo.

Debido a que nuestro mundo pone tanto énfasis en la belleza externa, debemos arraigarnos aún más en esta verdad.

Padre celestial:
Tú declaras que soy una obra maestra tal cual me creaste. Ayúdame a considerar la belleza como tú lo haces, y a ver a mí misma y a los demás como tú también.
Amén.

Día 13

REVISTAS, ANUNCIOS Y FILTROS

De la misma manera, dejen que sus buenas acciones brillen
a la vista de todos, para que todos alaben a su Padre celestial.
MATEO 5:16

YO (SHANNON) HICE UNA MUECA cuando vi la foto de grupo que alguien publicó. Allí estaba yo, en el centro, rodeada de mujeres altas, sofisticadas y bellísimas. En comparación con ellas, yo parecía bajita y deslucida.

Me quedé mirando y detestando la foto un buen rato. *¿Por qué no me coloqué junto a otras mujeres más bajas? ¿Por qué me tomaron la foto desde ese ángulo?* Entonces me enojé. Me enojé conmigo misma por no haberme parado recta, por no haberme puesto la mano en la cadera para parecer más delgada, por no haber elegido al menos otra ropa.

Luego me enojé con las otras mujeres. ¿Por qué tenían que ser tan bonitas? ¿Por qué mi amiga había decidido publicar *esa* foto?

Había sido una noche muy divertida con personas a las que quiero, algunas de mis amigas más queridas y comprensivas. Conectamos profundamente, lo que fue estimulante y muy bueno, pero ahora todo el recuerdo se me venía abajo con pensamientos como: *"¿Así me vi toda la noche? ¡Qué horrible! ¿Por qué no podía haber un filtro que me hiciera parecer más alta y elegante?"*.

Este tipo de comparaciones exponen el pecado en mi corazón. Sí, el pecado.

Imagínate a la muchacha hermosa de mi izquierda compartir esta foto en Instagram y decir: "¡Mira qué bonita soy!". No sería difícil detectar su orgullo pecaminoso, ¿verdad? Y aunque pueda parecer duro llamar orgullo a mi reacción llena de vergüenza, eso es exactamente lo que es. Deseo ser la más bonita y detesto el hecho de no serlo.

¿Alguna vez viste una foto tuya y tuviste pensamientos parecidos?

A Satanás no le importa con qué forma de orgullo respondemos a las fotos de grupo: con vergüenza o llenas de orgullo. Lo único que quiere es que sigamos comparándonos unas con otras, y caigamos una y otra vez en la esclavitud de la comparación.

> **Una nota de Lee:** Mi amiga Annie F. Downs es escritora y maestra de la Biblia como Shannon y yo. Hace poco necesitaba que le tomaran algunas fotos para la contraportada de su libro y publicó unas cuantas fotos "detrás de las cámaras", de cómo hacer que una foto quede estupenda. Escribió una nota en Instagram, la que me llevó a asentir con la cabeza. Annie dijo: "Solo espero que siempre sepas, cuando veas una fotografía final en un anuncio o en Tannie Annie™, que se necesitó el trabajo de todo un equipo para obtener esa foto. Y no estás viendo las 372 que son horribles [emoji de risa]". Como alguien que se ha maquillado con una profesional y no puede recrear la experiencia, ¡me identifico!
>
> Annie continuó escribiendo: "¿Y además? La comparación será nuestra muerte si no tenemos cuidado. No podemos compararnos con las demás, pero tampoco puedo compararme cómo me veo en la vida cotidiana con cómo me veo en una sesión de fotos. No es justo".[1]

No nos podemos identificar con la perfección

Cuando estábamos en la escuela intermedia y secundaria, había un lapso de tiempo entre el momento en que te tomabas una foto y el momento en que podías verla. Llevábamos el rollo de la película a la tienda y esperábamos unos días para tener las fotos impresas. No veíamos una imagen digital inmediata. No intentábamos una y otra vez conseguir el ángulo o la iluminación adecuados. Cuando llegaban las fotos, la vida había seguido su curso. Los recuerdos eran dulces, pero la presión por la perfección ya no existía. No podía ser de otra manera.

Hoy día no solo vemos nuestras fotos inmediatamente, sino que podemos hacer que parezcan perfectas. Personas comunes y corrientes podemos editar fotos como profesionales con un par de movimientos de los dedos.

¿Tienes acné? No hay problema, hay un filtro para eso. ¿La luz no es buena?

Añade un filtro. ¿La habitación está desordenada? Ahí lo tienes. Difumina el fondo y añade un filtro.

No nos malinterpretes, no queremos volver a "los buenos viejos tiempos". Nos encantan nuestros teléfonos inteligentes y las selfis, pero hay un lado oscuro en todo esto. Las imágenes que vemos en los programas de televisión, las portadas de las revistas e incluso en la Internet han sido retocadas, alteradas y escenificadas para conseguir la perfección. Pero ninguna de nosotras es perfecta. No hay mujeres con cuerpo de Barbie.

Compararnos con esas imágenes no solo afecta profundamente nuestra autoestima, sino que también pone barreras en nuestras relaciones. No nos podemos identificar con la versión con filtro de nosotras, con una piel perfecta, piernas bronceadas y fotografías escenificadas. Peor aún, esta imagen perfecta en realidad puede impedir que otras personas vean a Jesús a través de nosotras.

La perfección no es tu propósito

Cuando ves la foto de una chica bonita y bien arreglada en las redes sociales, ¿dedicas mucho tiempo a preguntarte por su carácter? ¿Sientes curiosidad por lo que cree o por quién es por dentro, o te centras en su aspecto externo?

Si has respondido "aspecto externo", no eres la única. Nosotras también.

Sin embargo, ¿es tu aspecto externo realmente la razón por la que estás aquí? ¿Es realmente la razón por la que fuiste creada? Vivir conforme al propósito personal que Dios te ha dado detendrá el juego de la comparación y el dolor que eso conlleva. Y traerá a tu vida una nueva alegría que te dará seguridad en ti misma.

- **¿Por qué crees que Dios te creó? Anota tus pensamientos a continuación.**

- **Ahora lee las Escrituras que siguen para saber lo que Dios dice de por qué te creó.**

Traigan a todo el que me reconoce como su Dios,
porque yo los he creado para mi gloria.
Fui yo quien los formé
 (Isaías 43:7)

Tú eres mi siervo.
Tú has sido escogido para conocerme, para creer en mí
 y comprender que solo yo soy Dios...
Yo hice [al pueblo de Dios] para mí mismo,
 y algún día me honrará delante del mundo entero.
 (Isaías 43:10, 21)

- **Repasa y subraya en estos versículos todas las razones por las que fuiste creada.**

- **Escribe en tus propias palabras, ¿por qué Dios te creó, te formó y te eligió?**

Dios quiere usarte para hacer brillar su luz en este mundo. Y no necesita ni quiere una versión retocada de ti para hacerlo. Quiere usar tu cara y tu cuerpo tal como son. Fíjate lo que dice Jesús:

Ustedes son la luz del mundo, como una ciudad en lo alto de una colina que no puede esconderse (Mateo 5:14).

De la misma manera, dejen que sus buenas acciones brillen a la vista de todos, para que todos alaben a su Padre celestial (Mateo 5:16).

Jesús dijo que tú eres la luz del mundo. Tu conducta y tu carácter deben ser tus características más destacadas en este mundo. Vivir así es lo que trae gloria a su nombre, y cuando valoramos y damos prioridad a ese aspecto de nosotras mismas y de los demás, demostramos nuestra confianza en Él. Cada vez que enfrento mis defectos en una foto, en el espejo o en la báscula, es una nueva oportunidad para humillarme y decir: "Dios, confío en ti. Tú me ves como tu tesoro. Quieres usarme tal como soy para traer gloria a tu nombre, y confío en tu mirada más que en la mía o en la de cualquier otra persona".

- **Tómate un momento para escribir tu propia oración al Señor. Sé sincera acerca de tus pensamientos, complejos e inseguridades sobre tu apariencia. Pídele que cambie tu corazón para que se ajuste al propósito que tiene para tu vida: darle la gloria.**

Jesús:
Quiero concentrarme más en el carácter de las personas que en su apariencia externa. Quiero verme a mí misma de esa manera también. Necesito tu ayuda para hacerlo, Jesús.
Amén.

Día 14

IMAGEN CORPORAL

...honren a Dios con su cuerpo.

1 Corintios 6:20

Mi hija Lexie Beth es una atleta con talento para tres deportes. Mientras yo (Lee) escribo este capítulo, mi hija está terminando su segundo año de escuela secundaria, y ha ganado o ha asistido a los torneos estatales en casi todas las temporadas y todos los deportes. Sus deportes son carrera a campo traviesa, atletismo y competencia de animadoras, por lo que puedes verla correr y hacer ejercicio durante todo el año. Como puedes imaginar, Lexie Beth está en una forma fabulosa. Ni su padre ni yo podemos atribuirnos el mérito de su capacidad atlética, ya que ninguno de los dos éramos atletas especialmente dotados. Sin embargo, puedo atribuirme el mérito de su constitución física. Al igual que yo, Lexie Beth tiene la constitución de una gimnasta. De baja estatura y fuertes músculos, Lex nunca se ha parecido a la típica corredora alta y delgada. Está conforme con su cuerpo... la mayor parte del tiempo, pero hay veces cuando, incluso en plena forma, mi hija lucha con el cuerpo que Dios le ha dado.

- **Amiga, sé sincera: ¿te gusta el cuerpo que Dios te ha dado?**

Un hábito peligroso

Piensa en las siguientes estadísticas y colorea el número de chicas representadas.

- El 53% de las adolescentes no están contentas con su cuerpo. Eso es más de la mitad.[2]

- El 81% de las niñas de diez años tienen miedo a estar gordas.[3]

A Shannon y a mí nos parece interesante que casi todas las chicas desearían tener un cuerpo diferente. La talla no parece importar, ni tampoco el nivel de forma física. Ser una chica siempre es difícil, pero lo es especialmente en la adolescencia. Tu cuerpo está cambiando y las hormonas te están transformando de una niña a una mujer en condiciones de tener su propia familia. Las formas y curvas cambian, y no es raro sentir que desentonas y sentirte mal por ello. No obstante, es fundamental que corramos a Dios con nuestras frustraciones e inseguridades porque, si nos dejamos llevar por nuestros miedos e inseguridades, terminaremos en situaciones poco saludables e incluso peligrosas.

■ **Tómate unos minutos y piensa en las siguientes preguntas:**

- **¿Crees que tienes una imagen corporal positiva?**

- **¿Qué es lo que más te gusta de tu cuerpo?**

- ¿Qué es lo que más te gusta de ti que no tiene *nada* que ver con tu aspecto físico?

- ¿Cuál es tu manera favorita de hacer ejercicio?

- ¿Comes cuando tienes hambre? ¿Dejas de comer cuando te sientes llena?

- ¿Con quién hablas cuando te sientes mal contigo misma?

- Hay momentos cuando una mala imagen corporal puede llegar a ser tóxica y peligrosa. ¿Hay alguna persona adulta en tu vida con la que puedas hablar de estas cosas?

Un camino mejor

¿Te acuerdas de Raquel del día 11, la chica que vio cómo sus amigas iban al baile sin ella? Decidió hacer algunos esfuerzos drásticos para "mejorar" y ser más atractiva para los demás.

Dietas radicales. Ejercicio extremo. Atracones de hambre y vómitos para enmendar el daño. El patrón se volvió adictivo. Debido a su obsesión, Raquel empezó a retraerse y a ser excluida, que era lo contrario de lo que esperaba. Rápidamente se deprimió, se aisló y quedó atrapada.

Tras años de adicción a la comida, Raquel recibió una invitación a participar de un estudio bíblico. No creía que Dios pudiera sanarla, pero decidió intentarlo. Cuando Raquel comenzó a estudiar por sí misma la verdad de la Palabra de Dios, dejó de pensar solo en ella. *Tal vez he estado demasiado centrada en mí,* pensó.

Una noche, mientras volvía a casa después del estudio bíblico, Raquel se dio cuenta de que tenía una lucha aún mayor que la de la comida: una lucha con el pecado. Su interminable codicia de recibir aprobación no iba a desaparecer. Y al volverse hacia sí misma, se había alejado de Dios. Este pensamiento la entristeció mucho.

Allí, en el auto, Raquel derramó lágrimas de arrepentimiento y dolor ante el Señor y sintió que el perdón la inundaba. Al entrar en su casa, la puerta del garaje se levantó y también lo hizo el peso de su adicción. Milagrosamente, después de quince años, Raquel fue libre. Hoy día, mientras Raquel crece en su nueva seguridad, libertad y alegría, reconoce aún la presión de ser atractiva, pero dice: "Más que ser bella, ahora quiero ser una bella persona y amiga".

Debemos esforzarnos para tener una perspectiva sana de nuestro cuerpo. He aquí tres pasos no negociables que nos mantendrán en el buen camino.

1. Debemos aceptar el designio de Dios para nuestro cuerpo

Dios tuvo una participación especial en la creación de tu cuerpo. No fuiste ensamblada en una línea de producción celestial. Dios te creó a conciencia, y ninguna parte de ti ha sido un error.

> Tú creaste las delicadas partes internas de mi cuerpo
>   y me entretejiste en el vientre de mi madre.
> ¡Gracias por hacerme tan maravillosamente complejo!
>   Tu fino trabajo es maravilloso, lo sé muy bien.
> Tú me observabas mientras iba cobrando forma en secreto,
>   mientras se entretejían mis partes en la oscuridad de la matriz.
>
> (Salmos 139:13-15)

■ **Tómate un momento para volver a leer estos versículos. Subraya cada vez que encuentres las palabras** *mi, me* **o** *mis.* **Dibuja un triángulo alrededor de las palabras que se refieren a Dios:** *tú* **y** *tu.*

■ **Dedica un momento a enumerar cada intervención de Dios en el proceso de tu creación. Escribe las que encuentres en los versículos anteriores y luego cualquier otra que te venga a la mente.**

Querida amiga, ninguna parte de ti ha sido un error. A pesar de lo que el mundo proclama, incluso los embarazos no planeados o por sorpresa fueron parte del plan de nuestro Dios de amor. Cada parte de ti fue elegida para la misión y el plan que Dios tiene para tu vida. Esto incluye tu figura, tus fortalezas físicas e incluso tus debilidades. ¿Lo crees?

■ **Menciona la parte de tu cuerpo que menos te gusta. ¿Por qué?**

Dios hizo incluso esa parte de ti para acercarte a Él. Y lo hizo por amor a ti. Tómate un momento para agradecerle por el amor con que ha hecho tu cuerpo.

2. Debemos cuidar nuestro cuerpo

No somos robots. Dios nos dio un cuerpo no solo para hacer las cosas diarias de manera mecánica, sino para ser el hogar de nuestra alma y nuestro espíritu. Tu alma es la parte de ti que contiene tus emociones, tus pensamientos y tus deseos. Tu espíritu es la parte que conecta con Dios y se mueve por la fe. Tanto tu alma como tu espíritu vivirán para siempre, pero tú eres *cuerpo*, alma y espíritu: las tres partes te hacen ser quién eres. A Dios no solo le interesa tu vida interior. Quiere que lo honres con las tres partes.

¿No se dan cuenta de que su cuerpo es el templo del Espíritu Santo, quien vive en ustedes y les fue dado por Dios? Ustedes no se pertenecen a sí mismos, porque Dios los compró a un alto precio. Por lo tanto, honren a Dios con su cuerpo (1 Corintios 6:19-20).

- **Si tu cuerpo realmente pertenece a Dios, ¿qué decisiones podrías tomar para cuidarlo mejor?**

- **¿Hay cosas que evitarías hacer con tu cuerpo porque deseas honrar a Dios?**

...entrénate para la sumisión a Dios. «El entrenamiento físico es bueno, pero entrenarse en la sumisión a Dios es mucho mejor, porque promete beneficios en esta vida y en la vida que viene» (1 Timoteo 4:7-8).

- **¿En qué se parece el entrenamiento físico al entrenamiento para la piedad? ¿Qué tipo de cosas harías si te estuvieras entrenando para ser piadosa?**

- **Pablo le escribe a Timoteo que el entrenamiento físico es bueno. ¿Por qué sería bueno para ti el entrenamiento físico?**

Queremos ir a donde el Padre celestial nos envíe y servir con longevidad cuando estemos allí. Si es así, entonces lo que hacemos para cuidar nuestro cuerpo importa. Aquí tenemos una afirmación que nos ha resultado especialmente útil cuando pensamos en nuestro cuerpo: Dios es su dueño, yo lo cuido.

3. *Debemos cuidar qué pensamos sobre nuestro cuerpo*

Los estudios son claros: la epidemia de salud mental y la crisis de imagen corporal que vemos en las chicas de hoy están directamente relacionadas con la cantidad y calidad de los medios de comunicación que consumen. Según un estudio, el 88% de las mujeres comparan su cuerpo con el que ven en las redes sociales y en los medios de comunicación. Más de la mitad de esas comparaciones son negativas.[4] Por desgracia, cuanto más vemos, leemos y nos gustan cosas que promueven una determinada talla o figura, más nos alimentan con esas imágenes los algoritmos de las redes sociales.

La verdad es que nuestra mente y nuestro corazón no están hechos para consumir lo que vemos. Es como tragar chinchetas. Lo que vemos nos destroza por dentro.

El apóstol Pablo nos explicó cómo podemos guardar nuestra mente y nuestro corazón de las trampas de la comparación del enemigo, y el primer paso es cuidar los pensamientos que albergamos en nuestra mente.

Y ahora, amados hermanos, una cosa más para terminar. Concéntrense en todo lo que es verdadero, todo lo honorable, todo lo justo, todo lo puro, todo lo bello y todo lo admirable. Piensen en cosas excelentes y dignas de alabanza (Filipenses 4:8).

Al terminar hoy, completemos la siguiente actividad en oración y guardémosla para los días que sean difíciles.

- ¿Cuál es la verdad sobre tu cuerpo (según lo que dice Dios)?

- ¿Qué hay de noble y correcto en ti?

- ¿Qué cualidad admirable hay en ti?

- ¿Qué ha hecho Dios que sea excelente para ti?

- ¿Qué está haciendo Dios en tu vida que es loable?

Es más fácil animarnos por lo que Dios puede hacer (y ya está haciendo) a través de nosotras cuando nos concentramos en su bondad sobre nuestra vida.

Dios:
Sabes que es difícil ser una chica. La sociedad proclama que las chicas delgadas y bonitas son las que más valen. Ayúdame a creer que me creaste tal como soy con un propósito. Quiero creerte.
Amén.

CHICAS HERMOSAS, CORAZONES PRECIOSOS

Pues ustedes, mis hermanos, han sido llamados a vivir en libertad;
pero no usen esa libertad para satisfacer los deseos
de la naturaleza pecaminosa. Al contrario, usen la libertad
para servirse unos a otros por amor.
GÁLATAS 5:13

NUESTRO AMIGO CAMILO RECUERDA la primera vez que se fijó en su novia, Tamara. Fue desde las gradas durante uno de sus partidos de baloncesto.

El equipo de ella perdía por treinta puntos y salían de la cancha, después del tercer cuarto, completamente desmoralizadas. Fue entonces cuando Tamara saltó del banquillo (donde había pasado la mayor parte del partido) y corrió a la cancha para chocar los cinco con varias compañeras y abrazar a otras que volvían al banquillo. Lo que hizo ayudó a sus compañeras a recuperar la calma.

Camilo siempre había pensado que Tamara era una chica bella, pero en ese momento se dio cuenta de que era una bellísima persona. Su humildad era lo que la hacía sobresalir.

Sobresalir entre la multitud

¿Te inspira la historia de Tamara a buscar otro tipo de belleza además de la que ves en el espejo? Esperamos que sí, porque si eres como nosotras, reconoces que estás demasiado pendiente de otras formas de sobresalir: tu cabello, tu cintura, tu piel.

Te invitamos a escuchar cómo Jesús habla a una multitud llena de personas obsesionadas con la comparación. Está a punto de revelar el antídoto para este deseo esclavizante que tenemos de ser vistas y admiradas. ¿Estás lista para escuchar la verdad de Jesús?

Dijo a la multitud:

> El más importante entre ustedes debe ser el sirviente de los demás; pero aquellos que se exaltan a sí mismos serán humillados, y los que se humillan a sí mismos serán exaltados (Mateo 23:11-12).

En tu mente, reúne a todas las chicas cristianas que conoces entre esa multitud que escucha a Jesús. Incluye a la chica cuya belleza te resulta intimidante. Incluye a la chica que necesita un pequeño consejo de moda, a la chica promedio y a la que siempre está con una cola de caballo y sin maquillaje. Inclúyenos a nosotras también entre la multitud: llevaremos puestos esos típicos pantalones de jeans que usan las mamás. Ahora mira a tu alrededor y escucha cómo Jesús nos dice a todas que nuestra grandeza no está basada en nuestra apariencia.

Esto significa que las más atléticas y las que tienen la piel más clara no son necesariamente las más grandiosas. Tampoco lo son las que tienen las caras más bonitas, los muslos más firmes o la ropa de marca. Las personas con grandeza entre nosotros son las que sirven a los demás en nombre de Cristo. Saber esto es el antídoto contra el veneno de la comparación. Es el camino hacia la sanidad y la libertad.

Algunas de nosotras nos hemos desgastado con estrictos planes de alimentación. Otras hemos agotado nuestros recursos para adquirir la ropa y el maquillaje que mejor nos queda. Muchas hemos abusado de nuestro cuerpo con ejercicio excesivo o trastornos alimenticios. Hemos pasado horas en tutoriales de maquillaje y peluquería. Hemos creado tableros de Pinterest con ropa que nos encantaría tener, pero que nunca podríamos comprar. Hemos derramado lágrimas de odio y desprecio por nosotras mismas y nos hemos aislado de los demás, todo a causa de nuestra obsesión por dar la talla.

Los parámetros del mundo

Estar a la altura de los ideales de belleza del mundo es agotador, y parece que nunca conseguimos dar la talla, ¿verdad? La sociedad dice:

Belleza física = Mayor influencia

Mayor influencia = Mayor valor

- **¿Puedes pensar en alguna situación donde veas estos parámetros en la sociedad actual?**

- **¿Qué problemas ves en estos parámetros?**

Asignar valor a las personas en función de su apariencia viene directamente del enemigo, pero si tú y yo no luchamos contra la tentación de ver las cosas desde la perspectiva del mundo y hacemos un plan para ver las cosas de otra manera, naturalmente actuaremos igual que ellos. Aquí hay cuatro maneras de ayudarte a vivir la verdad de que la belleza externa no es lo que te hace grandiosa:

1. Decide no entrar en el juego del mundo

La belleza es algo difícil de obtener, en parte porque se puede perder. Todas las mujeres sabemos que la belleza desaparece con el tiempo. Conocemos a muchas mujeres de nuestra edad que están desesperadas por cubrir sus arrugas o sus canas. Puede que conozcas a chicas que están desesperadas por seguir teniendo la misma talla que cuando tenían doce años. Podemos luchar y tener miedo de envejecer o podemos aceptar que Dios nos da la belleza física solo por un tiempo. Decidamos no entrar en el juego del mundo: tenemos derecho a no entrar en ese juego y no vernos como nos ve el mundo. Podemos pedir a Dios que nos ayude a ver la belleza como Él la ve.

2. Busca nuevos héroes

Podemos elegir lo que nos importa más: podemos dar prioridad a la belleza interior. Tengamos por héroes a personas que no solo son físicamente bellas, sino que además son bondadosas y que sirven y aman a los demás. Hay maravillosas mujeres de fuerza y belleza interior que muchos ignoran.

3. Deja que Jesús brille a través de ti

Si tenemos belleza física, no podemos permitir que sea eso lo que nos cautive. Jesús nos da todo lo que tenemos (incluida nuestra belleza) para darle la gloria y edificar su reino. Lee el libro de Ester en el Antiguo Testamento para conocer a una mujer de gran belleza física y fuerza interior. Dios la utilizó poderosamente para salvar a su pueblo. Esa mujer sí que fue una verdadera *influencer.*

4. No desprestigies a la chica bonita

Parece natural querer desacreditar y ser crítico con las chicas bonitas, ¿verdad? Tomemos la decisión, ahora mismo, de dejar de hablar de la apariencia física de los demás de forma crítica o hiriente. En cambio, cuando los demás hablen de la belleza física de alguien, acordémonos de señalar las cosas buenas que vemos en su carácter.

Formas hermosas de servir

Jesús quiere que todas disfrutemos de nuestro cuerpo y amemos nuestro diseño físico único. Hemos sido *creadas* para ser de diferente forma, talla y color. Él nos llama a la unidad, no a la uniformidad. Amiga, si estás lista para vivir libre del egocentrismo, entonces vuelve a mirar a la multitud que te rodea, pero en lugar de comparar tu apariencia con la de los demás, pregúntate: "¿Cómo puedo servir a alguien aquí?". Los siervos no intentan ser vistos. Tampoco temen ser vistos. Están demasiado ocupados buscando formas de invertir en los demás como para preocuparse si alguien los está mirando o cómo los miran. Piensa en Tamara. Ella no estaba intentando impresionar a Camilo en las gradas. Intentaba animar a sus compañeras de equipo. Fue su actitud libre del egocentrismo la que la hizo hermosa.

Servir no cambia nuestra apariencia, pero sí cambia la forma como nos vemos a nosotras mismas y a los demás.

- ¿Te has alejado de alguien por su apariencia? ¿Cómo podrías servir a esa persona?

- ¿Conoces a alguien que necesita un poco de aliento? ¿Qué podrías hacer para mostrarle que tú la valoras y la amas, así como lo hace Jesús?

Jesús:
Tus caminos son muy diferentes a los de este mundo. No quiero buscar la belleza física y descuidar mi belleza interior. Ayúdame a servir a los demás y a verlos (y a mí misma) a través de tus ojos.
Amén.

Capítulo 4

COMPARAR LA FEMINIDAD

Lee: Hola, Shannon. ¡No puedo esperar! ¡A finales de mes me voy a vestir de gala! Un vestido brillante, unos tacones bonitos y un maquillaje espectacular. Me encanta arreglarme y sentirme femenina. ¿Puedo ser sincera? Durante mucho tiempo pensé que a todas las mujeres nos gustaban estas cosas, pero luego conocí a algunas amigas a las que no. Ha sido otro punto en el que me he dado cuenta de que hay comparación en mi vida.

Shannon: Bueno… Supongo que soy una de esas personas de las que hablas. No me gusta ponerme vestidos ni tacones altos. Me siento más cómoda con pantalones deportivos y una camiseta. Creo que en parte se debe a que cuando me esfuerzo por ponerme linda, nunca estoy satisfecha con lo que veo en el espejo. ¿Qué te parece si te vistes de gala y yo voy en chancletas a sacarte fotos?

bit.ly/NoComparar

CUESTIONARIO:
CHICAS "SÚPER" FEMENINAS,
CHICAS "POCO" FEMENINAS
E IDENTIDAD DE GÉNERO

PUES BIEN, ¿ESTÁS PREPARADA para este cuestionario? Sabemos que hay mucha presión en el mundo, para responder estas preguntas de cierta manera. Y sabemos que existe la misma presión para responderlas de otra manera dentro de la iglesia. Esto es lo que queremos que hagas: responde las preguntas tan sinceramente como puedas, porque queremos tener una conversación auténtica sobre lo que piensas, ¿de acuerdo? ¡Vamos!

	Verdadero	Falso	No estoy segura
1. Una chica "femenina" usa maquillaje, lleva tacones y se arregla mucho.			
2. Los hombres y las mujeres tienen el mismo valor para Dios.			
3. Mi género al nacer fue elegido por Dios.			
4. Dios me diseñó para ser una chica loca por los varones.			
5. Solo los varones pueden ser líderes.			
6. Está bien si creo que no quiero casarme.			
7. A Dios no le importa cómo me visto.			

8. Puedo tener una amistad íntima con chicos y chicas sin sentir ninguna atracción por ellos.			

Pues bien, esto es lo que pasa con este cuestionario. Te damos las respuestas a continuación, porque no son nuestras respuestas, sino de la Biblia, y es la única razón por la que sentimos paz en dártelas. Ahora bien, si marcaste "no estoy segura", estamos muy orgullosas de ti. La mejor manera de estar segura es admitir primero que necesitas alguna aclaración. Para eso estamos aquí. ¿Estás preparada?

Respuestas: 1. F; 2. V; 3. V; 4. F; 5. F; 6. V; 7. F; 8. V

Día 16

CHICAS "SÚPER" FEMENINAS Y CHICAS "POCO" FEMENINAS

Hombre y mujer los creó.
GÉNESIS 1:27

"No me gusta que me critiquen por mi forma de vestir", dijo Joana con un tono de voz cortante. Yo (Lee) acababa de preguntarle si siempre iba sin maquillaje y con ropa deportiva, pero no pretendía ofenderla.

—Lo siento mucho, amiga —respondí—. No quería ofenderte.

Fue entonces cuando me di cuenta de que tenía la costumbre de clasificar a las chicas en una de dos categorías: chicas "súper" femeninas o chicas "poco" femeninas. Las primeras se maquillaban, se arreglaban el cabello, seguían la moda y las tendencias y les interesaba lo que pensaran los chicos. Y si practicaban deporte, se tomaban su tiempo para ponerse bonitas antes de salir a la cancha o al campo de deporte. Las segundas eran más como Joana, que siempre llevaba el cabello recogido en una colita de caballo. Nunca (y digo nunca) se lo había visto suelto. Siempre llevaba jeans o ropa deportiva, y le gustaba montar en cuatrimoto (*quad*).

Crecí junto a otra chica llamada Brenda, a quien yo consideraba una chica "poco" femenina. Brenda era una excelente jugadora de fútbol, trepaba por la cuerda en la clase de gimnasia y siempre llevaba el cabello recogido. Le daba igual lo que llevara puesto, pero a su madre no. La presión para que se vistiera de forma "más" femenina era real. A ninguna de nosotras (incluida Brenda) se nos ocurrió que pudiera "identificarse" como otra cosa que no fuera una niña. ¡Y no se identificaba de otra manera! *Era* una niña. Solo que no le gustaba que la gente diera por sentado que *todas* las chicas debían actuar o vestir de una determinada manera.

- ¿Te consideras más una chica "súper" femenina o una chica "poco" femenina? ¿Te encuentras en algún punto intermedio?

- ¿Has juzgado alguna vez a los demás porque no actuaban "suficientemente" como chicas o como chicos? ¿Qué crees que se siente cuando te juzgan por este motivo?

Aquel día cuando mi amiga Joana me dijo que no le gustaba que la criticara por su forma de vestir fue incómodo, pero me ayudó a darme cuenta de que hay chicas de todas las formas y tallas, con todo tipo de intereses y estilos.

En este momento de la historia, el mundo tiende a establecer ciertas ideas limitadas de lo que hacen las "chicas", y si cruzas la línea (quizá por tu forma de vestir, llevar el cabello, caminar o hablar), de repente se plantea la cuestión de si realmente *eres* una chica. Sin darnos cuenta, nos hemos creído la mentira de que las chicas deben encajar en un determinado molde. ¿Puede haber algo más doloroso que ser juzgada por tu grado de feminidad? ¿Y puede haber algo más aterrador que mirarse al espejo y preguntarse si realmente eres una chica?

Debido a las presiones de la cultura, las chicas miden y comparan la feminidad de manera cada vez más confusa y dolorosa. Así que debemos "reflexionar antes de pensar" cuando miramos de reojo a otras chicas.

■ ¿Cuáles son algunos de los estereotipos que has visto aplicarse a chicas y chicos? Enuméralos en el cuadro siguiente. (Hemos añadido algunos para ayudarte a empezar)

Chicas	Chicos
Les gusta cocinar.	Les gustan los deportes.
Hacen ballet.	Llevan el cabello corto.
Les gustan las conversaciones profundas.	No lloran.
Son organizadas.	Son mejores líderes.
Les gustan las manualidades.	Detestan ir de compras.

¿Has añadido algunos estereotipos de género a las listas? ¿Y te has preguntado alguna vez por qué ciertas cualidades "pertenecen" a cada bando? Es decir, ¿por qué los chicos *no pueden* tener conversaciones profundas y hacer manualidades? ¿Por qué las chicas *no pueden* detestar ir de compras y llorar?

La verdad es que sí pueden.

Consideremos la identidad de género

La autora Hillary Ferrer escribió: "Existe un espectro de expresión de género. No todas las mujeres expresan su feminidad de la misma manera, pero no por ello son menos mujeres. No todos los hombres expresan su masculinidad de la misma manera, pero no por ello son menos hombres".[1]

Nos parece interesante que la cultura tenga una visión más estrecha que Dios sobre la expresión de género.[2] ¿Te sorprende? Dios es súper creativo.

Basta con mirar cuántas formas y colores de pájaros, flores y paisajes hay. Dios utilizó esta misma creatividad cuando hizo a cada una de las chicas que te rodean. No es de extrañar que todas expresemos nuestra feminidad de mil maneras diferentes.

No hay un tipo único de chico o de chica que se adapte a todos. De hecho, a veces una excepción a la norma es lo que hace que una chica sea excepcional en lo que hace. Nuestra cultura y nuestro enemigo son los que nos enseñan a medir y comparar grados de feminidad, no Dios. Toda esta comparación de la "feminidad" no solo es una forma errónea de pensar, sino que nos hacemos daño mutuamente cuando lo hacemos.

La chica que está a tu lado, sea estereotípicamente femenina o no, nació niña porque así la creó nuestro amoroso Dios. Su sexo y su género son la esencia de lo que ella es y le fueron dados para que pudiera mostrar al mundo no cómo es ella, sino cómo es *Dios*.

Siempre que hablemos de sexo y la expresión del género, debemos volver al diseño original de Dios para la humanidad como nuestro Creador. Lee los siguientes versículos.

Entonces Dios dijo: «Hagamos a los seres humanos a nuestra imagen...».

Así que Dios creó a los seres humanos a su propia imagen.
A imagen de Dios los creó;
hombre y mujer los creó.
(Génesis 1:26-27)

- **En los versículos anteriores, rodea con un círculo los dos sexos distintos que Dios creó.**

- **¿A semejanza de quién fueron creados los seres humanos? (rodea con un círculo el que corresponda).**

Animales de la tierra   Chimpancés   Imagen de Dios

Pintura en dos lienzos

Si Dios pintara un autorretrato, ¿cómo sería? ¿Te lo imaginas acercado el pincel al lienzo? Sin embargo, Dios no pinta en un solo lienzo, sino en dos. Dios creó "hombre y mujer" a su imagen (Génesis 1:27).[3] Un mundo lleno solo de hombres o solo de mujeres no daría una imagen cabal de quién es Dios. Hay algo en el contraste y las diferencias entre ambos géneros que refleja mejor a Dios ante el mundo.

No obstante, dentro de esos dos géneros también hay una gran variedad de formas en las que cada individuo expresa su masculinidad o su feminidad. Basta con dar un vistazo a la Biblia para ver que hay muchos hombres y mujeres, que Dios ha creado, que no encajarían en los estereotipos actuales.

El rey David era un guerrero increíble, pero también un poeta y músico apasionado y sensible. Danzó ante el Señor y lloró amargamente en público y en privado. Dirigió una nación y tuvo un amigo íntimo al que amó como a su propia alma. Débora fue una mujer guerrera y jueza de Israel en tiempos cuando solo los hombres servían en el ejército. No solo dirigió al pueblo hábilmente ante el Señor, sino que dirigió a las tropas y a los comandantes en una guerra que temían luchar. En nuestra cultura, alguien probablemente le preguntaría a Débora: "¿Estás segura de que te identificas como mujer?". O le preguntarían a David: "¿Estás seguro de que te identificas como varón?".

Sin embargo, a Dios le encantó la forma en que tanto Débora como David mostraron al mundo quién es *Él*.

La expresión de la feminidad

Dios creó a las chicas y a los chicos como seres distintos, pero le encanta que una chica exprese su "feminidad" de forma diferente a otra. ¿Por qué? Porque no creó dos chicas exactamente iguales.

Se dice que si un rey acuñara mil monedas con su imagen, todas serían iguales, pero nuestro Dios crea una multitud de portadores de su imagen, y todos son únicos. Él no hace duplicados.

Si Dios le da a cada chica la libertad de ser quien Él diseñó que sea, nosotras también debemos hacerlo. La chica a tu derecha puede hacer deporte, reparar autos y usar ropa deportiva y una gorra de béisbol. La chica a tu izquierda puede tocar el piano, hacer manualidades y vestirse con tacones y maquillaje.

Dios quiere que mires en cualquiera de las dos direcciones y que, en lugar de juzgar o criticar a cualquiera de ellas, celebres su obra buena y creativa en ambas.

- **¿Qué crees que podría suceder en los pasillos de tu escuela o iglesia si tú y cada una de las otras chicas pudieran ser aceptadas como el tipo único de chica que Dios diseñó que sean?**

Dios:
Estoy agradecida porque no haces duplicados; haces que cada chica sea especial y única. Perdóname por juzgar a _____ en lugar de amarla y aceptarla tal como es, diferente a mí. Ayúdame a celebrar tu obra en cada chica que has hecho a mi alrededor. Amén.

Día 17

IDENTIDAD DE GÉNERO

Entonces el Señor Dios hizo... a una mujer.

GÉNESIS 2:22

CUANDO COLE, MI HIJO (de Shannon), tenía dos años, dejé que su hermana probara un frasco de perfume en la tienda. Cole también quería probarse el perfume, pero le dije: "No, cariño, eso es solo para niñas".

A Cole no le hizo ninguna gracia. Se puso de pie en el carrito de compras y empezó a sacudirlo como un gorila enfadado (pero gracioso) y a gritar en voz alta: "¡*Soy* una niña! ¡*Soy* una niña!".

En retrospectiva, debería haberle dejado ponerse el perfume. ¿A quién le importaba que oliera un poco a niña? Seguiría siendo un niño. Siempre será un varón. Y tú siempre serás una mujer. No importa la ropa que uses, lo que digas o lo que hagas, Dios te ha dado amorosamente tu género específico (escrito en tus células, tu sangre y tu cuerpo) en el momento de tu concepción, y será tuyo de por vida.

Ahora bien, está claro que hay quien no está de acuerdo. La cultura dice que es bueno hacer preguntas como:

"¿*Quieres* ser una mujer?".

"¿Te *sientes* como una mujer?".

Y si la respuesta a esas preguntas es "no", la lucha es *muy* real y *muy* dura. Si tú o un ser querido luchan con la identidad de género o disforia de género, sentimos compasión y dolor por ustedes. Y Dios también. Él quiere que lleves tus preocupaciones directamente a Él para que pueda ayudarte con eso. (Tal vez algunos amigos, tu iglesia y un consejero allí puedan ayudar también).

Sin embargo, en definitiva, aunque sea difícil, Dios te pedirá que confíes en que no se equivocó cuando te hizo mujer.

- **¿Estás de acuerdo con la idea de que Dios, en su bondad, elige nuestro género? ¿Por qué sí o por qué no?**

- **Si esta es un área en la que te cuesta confiar en Dios, ¿qué es lo que te dificulta confiar en Él?**

Uno de los mayores actos de fe que puedes hacer como adolescente de esta generación es aceptar que Dios te creó como una mujer de manera intencional, y eso es lo que eres.

¿Qué son el sexo y el género?

El lenguaje importa.

Es importante que reconozcamos las diferencias entre cómo se utilizan las palabras *sexo* y *género*. La cultura afirma que la palabra *sexo* se refiere a tu biología al nacer, pero la palabra *género* se usa para describir cómo te "sientes" por dentro. No obstante, por la fe, creemos que sexo y género son lo mismo, no dos cosas diferentes, y ambas cosas son elegidas por Dios antes de nacer. ¿Puedes ver la diferencia en estas definiciones y por qué importa?

Fíjate lo que dice la apologista Hillary Ferrer sobre el género:

> La raíz de la palabra *género* es *gen*, que significa "aquello que produce". (Piensa en esto: genética, genes, genealogía, genitales). Nuestro género es el medio por el que nosotros, como seres humanos, producimos nueva vida. Podemos contribuir en una de dos maneras: un espermatozoide o un óvulo. Estas son las opciones... Nuestro

*gén*ero está determinado por nuestros *gen*itales... Si la contribución hipotética [de alguien] a un bebé es el esperma, entonces su género es masculino. Si es un óvulo, entonces es femenino.[4]

No es nuestra intención ponernos en plan de "sexualidad y reproducción" ni discutir sobre la elección de las palabras. Sin embargo, es decisivo que veas que tu género está directamente ligado a la anatomía con la que naciste. Dios diseñó los dos géneros para que encajaran sexualmente, como las piezas de un rompecabezas, y para que luego pudieran producir más de sí mismos.

En tu nacimiento, el médico o la partera pudieron saber que eras una niña. E incluso antes de cualquier ultrasonido, Dios sabía que eras una niña porque Él te hizo, tal como hizo a Adán y Eva.

Quizás te preguntes: *¿Qué ocurre con las personas que nacen intersexuales?* Los informes muestran que alrededor del 2% de la población nace o se desarrolla con diferencias en sus genitales y anatomía reproductiva.[5] Esto puede afectar a sus cromosomas, sus hormonas y su cuerpo de muchas maneras. La mayoría de las veces, los padres colaboran amorosamente con los médicos para determinar el curso de acción a seguir mucho antes que el niño sea consciente de la situación. Si tú o alguien que conoces es intersexual, esto puede suponer un reto y a menudo puede ir acompañado de sentimientos de vergüenza y miedo a cómo responderán las personas. Sin embargo, todos tenemos partes de nuestro cuerpo que están genéticamente rotas porque vivimos en un mundo roto. No debemos avergonzarnos de esto, sino (como todo lo demás) llevarlo a Dios. Esperamos que te acerques a un mentor o consejero cristiano sabio con la pregunta: ¿Cómo le gustaría a Dios, mi Creador, que yo respondiera a mi condición física de una manera que lo glorifique?

¿Dónde empezó todo?

Sabemos que nos hemos metido en un campo sembrado de minas al hablar de este tema, pero ¿cómo no hacerlo? Puede que no haya un tema mayor que cause tanto dolor o división en tu generación. Así que, por favor, no te cierres. Esperamos aportar *libertad* a esta conversación, no división. ¿Recuerdas lo que dijimos en el capítulo 1? La verdad y la libertad se encuentran cuando aceptamos que la forma en que Dios ve las cosas es como realmente son.

Así que volvamos al principio de la Biblia y consideremos la perspectiva de Dios sobre el origen del género en la historia ampliada de la creación.

> Luego el SEÑOR Dios formó al hombre del polvo de la tierra. Sopló aliento de vida en la nariz del hombre, y el hombre se convirtió en un ser viviente (Génesis 2:7).

> Después, el SEÑOR Dios dijo: «No es bueno que el hombre esté solo. Haré una ayuda ideal para él» (Génesis 2:18).

> Pero aún no había una ayuda ideal para él. Entonces el SEÑOR Dios hizo que el hombre cayera en un profundo sueño. Mientras el hombre dormía, el SEÑOR Dios le sacó una de sus costillas y cerró la abertura. Entonces el SEÑOR Dios hizo de la costilla a una mujer, y la presentó al hombre (Génesis 2:20-22).

- **Vuelve a leer los versículos anteriores y escribe una H sobre las referencias al hombre y una M sobre la referencia a la mujer.**

Por muy contracultural que sea, ¿qué dos sexos o géneros se crearon en este relato de la creación?

- **¿Cómo se formó el hombre?**

- **¿Cómo se formó la mujer?**

■ ¿Son verdaderas o falsas las siguientes afirmaciones? Rodea con un círculo tu respuesta.

V F   Adán fue el creador en la historia.

V F   Eva fue la creadora en la historia.

V F   Dios fue el creador en la historia.

Nuestra cultura nos ha tratado de convencer de que no solo podemos, sino que *debemos* ser las creadoras de nuestra propia historia. Así que si una chica mira de reojo y se da cuenta de que es diferente de todas las demás chicas que conoce o se siente más masculina que femenina por dentro, la cultura dice que quizá Dios se equivocó. Quizá estaba destinada a ser un chico. Es más, quizá debería tomar medidas para volver a ser un chico. Según nuestra cultura, *ella* es la que, a fin de cuentas, decide y merece ser feliz y sentirse a gusto.

Sin embargo, Lee y yo vemos a la chica, que está agobiada por la decisión de tener que decidir su propio género, y le decimos: "Amiga, esta carga no te pertenece".

¿Quién es el creador de tu historia?

Lo cierto es que ninguna chica necesita ser la creadora de su propia historia. Ya hay un Creador en la historia: es Dios. Él es quien creó a todos los seres humanos, hombres o mujeres, y lo hizo a sabiendas. Puesto que Dios es el único que, a fin de cuentas, *puede* crear a un hombre o a una mujer, creemos que debería poder tomar esa decisión, ¿verdad?

Tratar de jugar a ser el creador es imposible. Tu Creador ya ha asignado cada célula de tu cuerpo como femenina y eso no cambiará nunca. Con el regalo de dos cromosomas X en tus células, tu sexo se puede determinar por la forma de tu pelvis, una gota de tu sangre o un mechón de tu cabello, en cualquier lugar donde pueda recogerse una muestra de tu ADN. No hay forma de deshacer lo que Dios ya ha creado. Y los que están convencidos de que Dios se equivocó e intentan tomar el relevo y volverse a crear a sí mismos corren el gran riesgo de acabar heridos más profundamente en lugar de ser sanados. Cuando una chica intenta recrear su género externamente, existe un gran potencial de que se produzca un daño en su interior. Las estadísticas muestran que los índices de depresión y suicidio se disparan cuando una chica decide dejar de identificarse como tal. Los intentos de suicidio entre los jóvenes LGB (lesbianas, gay, bisexuales) son entre tres[6] y siete[7] veces superiores a los de los jóvenes heterosexuales. Y entre los transexuales adultos, entre el 25% y el 43% de los encuestados declararon haber intentado suicidarse a lo largo de su vida.[8] Muchos dicen que esta confusión interior se debe a que el resto del mundo se niega a amar y aceptar la identidad de género o los sentimientos de género de alguien y, sin duda, el acoso y la vergüenza pública desempeñan un gran papel en este problema horrible. Estas estadísticas representan a personas cuyas vidas son valiosas. Lo que Lee y yo queremos es que *todas* las chicas sean amadas y aceptadas. Su valor como seres humanos hechos a imagen de Dios no es algo para tomar en broma.

También queremos que todas las chicas se sientan seguras de lo que son y de su identidad como chicas, y por eso estamos dispuestas a decir algo contracultural: Las chicas que confían en Dios como Creador de su género encuentran libertad y gozo. Y las chicas que rechazan el género que Dios les ha asignado a menudo acaban heridas, terriblemente confundidas y sumidas en una crisis de fe.

En el fondo de este debate hay dos cuestiones de fe: ¿Creo que Dios es bueno? y ¿Creo que Dios se equivoca? Amiga, estas son las preguntas que todas debemos responder por nosotras mismas, y la Biblia nos ayuda a hacerlo correctamente.

> El Señor es bueno con todos;
> desborda compasión sobre toda su creación.
> (Salmos 145:9)

- **Según Salmos 145:9, ¿con quién es bueno el Señor?**

- ¿Y sobre quién desborda su compasión?

El camino de Dios es perfecto.
Todas las promesas del SEÑOR demuestran ser verdaderas.
Él es escudo para todos los que buscan su protección.
(Salmos 18:30)

- **Según Salmos 18:30, el camino de Dios es** _____.

¿Lo crees? ¿Crees que Dios no se equivoca? Responde con sinceridad. Dios conoce nuestros pensamientos y corazones, y aun así nos ama. Si te cuesta creerlo, decide ahora hablar esto *con* Dios en lugar de alejarte de Él. Dios te ama mucho, y tu corazón está seguro con Él.

¿Serás una chica convencida de serlo?

La cultura quiere que pienses que tu género biológico es un detalle muy pequeño y fácilmente intercambiable. "Lo que importa es cómo te sientes", afirma la cultura, pero eso no es verdad. Tu cuerpo le *importa* a Dios. Él te creó mujer, y tu género es importante para Él. Dios quiere que cada chica esté segura de que es una chica a conciencia, por su diseño.

Cuando la cultura pregunta: "¿De qué género eres *realmente*?", todas las chicas tienen derecho a responder con confianza: "Soy una mujer. Siempre seré una mujer".

Señor:
Tú elegiste mi género. Gracias porque lo hiciste por amor a mí. Vence cualquier incredulidad en mí. Quiero creer que eres bueno y que no te equivocas. Te alabo por ser mi Creador, y quiero hacer las cosas a tu manera. Siempre.
Amén.

Día 18

LOCA POR LOS CHICOS

Sobre todas las cosas cuida tu corazón,
porque este determina el rumbo de tu vida.

PROVERBIOS 4:23

SI ESTAR LOCA por los chicos es una señal de ser una "chica de verdad", entonces yo (Lee) fui una CHICA (y sí, las mayúsculas son necesarias) desde que nací. Tenía cinco años y estaba en la clase de preescolar de la Sra. Chisholm la primera vez que me escapé de clase con mis amigas para maquillarme. Teníamos una maestra sustituta que no nos prestaba mucha atención, y mi amiga Lea y yo nos dirigimos a la parte de atrás de la clase para entrar juntas en el baño. Habíamos tomado algunos maquillajes de las colecciones de nuestras madres, y estábamos "mejorando" rápidamente nuestras facciones para impresionar a los chicos de la clase.

En realidad, el chico del que estaba perdidamente enamorada era Nicolás. Nuestros padres se conocían y no podía imaginarme un chico más encantador en el planeta. Cabello rubio como la arena, un hoyuelo en la mejilla y unas orejas que aún no le habían crecido del todo. Mis sentimientos por Nicolás fueron intensos hasta tercer grado, cuando nos mudamos de Texas a Colorado, y conocí a un chico llamado Pedro.

De Pedro a Juan. De Juan a Jorge. De Jorge a Marcos. De Marcos a Miguel. De Miguel a José. De José a Tony. De Tony a Javier. De Javier a Raúl. Y así llegamos a la escuela secundaria.

Por supuesto, no estoy incluyendo los amores de verano o los chicos que conocí en competencias deportivas o las veces que no podía decidirme entre dos chicos. Ojalá estuviera bromeando, pero no lo estoy.

Gustarnos los chicos era casi un deporte para mí y mis amigas. Y sé que no soy la única.

> Podrías ser una chica loca por los chicos si:
> * Te encanta jugar a la celestina.
> * Entras en una habitación y rápidamente determinas qué chico es el más lindo.
> * Siempre estás enamorada de alguien.
> * Siempre hablas de chicos o de quién es el más lindo.
> * Sales de tu rutina para verlo.
> * Conoces su rutina.
> * Te sientes incompleta sin él.
> * Te arreglas por la mañana pensando en un chico o varios.
> * Estás obsesionada con los romances.
> * Siempre sabes dónde está.
> * Te distraes por completo cuando el chico que te gusta entra en la habitación.

¿Cuál es tu enfoque?

Suponemos que cuando lees sobre una *chica loca por los chicos* te viene alguien rápidamente a la mente. Podría ser una amiga o una chica que conoces del colegio o del grupo de jóvenes. Incluso puede que seas tú, ¡y bien por ti por estar dispuesta a admitirlo!

Quizá te preguntes por qué estar loca por los chicos surge en el tema de la comparación. Aunque nunca lo digamos en voz alta, las chicas a veces juzgamos la feminidad de otras chicas sobre la base de si le gustan los chicos. Y hacemos suposiciones que no expresamos: Si está loca por los chicos, significa que es una chica. Si no, significa que le atraen las personas del mismo sexo o que se cuestiona su género.

Sin embargo, esta es la verdad: estar loca por los chicos no es un indicador de tu feminidad. En el fondo, estar loca por los chicos es una cuestión de enfoque. Tendemos a hablar de las cosas que ocupan nuestros pensamientos, ¡y todo el mundo parece estar pensando en las relaciones! No hay más que analizar las canciones que escuchamos, los programas que vemos, los libros que leemos. ¿No tienden todos a estar centrados en las relaciones románticas?

No es que esté mal que nos gusten los chicos. No está mal, pero como señala nuestra amiga Paula Hendricks, autora de *Confessions of a Boy-Crazy Girl*: "Hay una gran diferencia entre pensar que un chico es lindo y obsesionarse con él".[9] El problema no es la atracción, sino la obsesión. Nuestro corazón se dirige naturalmente en la dirección de nuestros pensamientos. Así que la pregunta que debes hacerte es la siguiente: *¿Puedo tener mi mente y mi corazón puestos en Dios y, a la vez, que me guste este chico?*

Como verás, el mayor problema con estar loca por los chicos es que perdemos nuestro enfoque en *Dios*.

Jesús destacó lo más importante al exhortar: "Ama al Señor tu Dios con todo tu corazón, con toda tu alma, con toda tu mente y con todas tus fuerzas" (Marcos 12:30).

- **Hay cuatro palabras que implica *todo* en Marcos 12:30. Complétalas a continuación.**

    Ama a Dios con:

    Todo tu _____   Toda tu _____

    Toda tu _____   Todas tus _____

- **En una escala del 1 al 10, ¿cómo estás en amar a Dios con cada parte de tu ser? (con 1 como muy mal y 10 como excelente).**

Corazón	1	2	3	4	5	6	7	8	9	10
Alma	1	2	3	4	5	6	7	8	9	10
Mente	1	2	3	4	5	6	7	8	9	10
Fuerzas	1	2	3	4	5	6	7	8	9	10

- **¿Cuánta de tu conversación diaria tiene que ver con chicos?**

Muchísimo   Bastante   Algo   No mucho

Es natural querer gustar a los demás y pensar que somos atractivas; pero ¿pasas demasiado tiempo pensando en gustar a los demás y en encontrar tu sentido de valía (o el de los demás) en las relaciones?

¿Cuál es tu relación prioritaria?

Todas las relaciones palidecen en comparación con la relación que puedes tener con Jesús.

Tú no vales más si les gustas a los chicos, ni tampoco tus amigas. Nuestras historias no son todas iguales. Dios no nos va a traer un esposo a todas al mismo tiempo. O tal vez ni siquiera a todas. Así que liberémonos de comparar a las chicas por si están locas por los chicos o no, y tomemos algunas medidas para recuperar nuestro enfoque en Dios.

1. Haz de pasar tiempo con Jesús tu más alta prioridad

Cada día es una oportunidad para conocerlo mejor. Asegúrate de que lo que más te importe es lo que Él piensa de ti. ¡Él es quien más te ama!

2. Establece límites sobre cuánto hablarás y pensarás en chicos

Observa cuánto tiempo pasas hablando de chicos o viendo programas que te mantienen enfocada en las relaciones románticas. Presta atención a aquello con lo que estás alimentando tu mente.

3. Piensa en qué dirección te están llevando tus amigas

Es fácil caer en la trampa de hablar siempre de chicos y de a quién le gusta quién. Sé tú quien dirija la conversación y asegúrate de recordar a tus amigas que son amadas independientemente de su estado sentimental.

4. Proponte tener amigos varones

No tienes que enamorarte de todos los chicos. La amistad con chicos en la que se animen mutuamente sin ningún interés romántico será muy importante cuando seas mayor. Trabaja en desarrollar esa experiencia ahora.

5. Disfruta de la etapa en la que te encuentras

Lo sabemos, este consejo es muy de madre, ¡pero es verdad! Disfruta la vida que Dios te ha dado en este momento. Ya sea la banda musical, los deportes, el grupo de jóvenes o cualquier otro interés especial que tengas, este es el momento de desarrollar tu relación con Dios y disfrutar de esta etapa de tu vida. ¡Realmente pasará rápido!

- ¿Qué paso podrías dar esta semana para estar más enfocada en Dios?

Dios:
Aunque todas las chicas estén locas por los chicos, yo quiero estar enfocada en ti. Ayúdame a amarte con todo mi corazón, con toda mi alma, con toda mi mente y con todas mis fuerzas.
Amén.

Día 19

LA ELECCIÓN DE LA ROPA

Y todo lo que hagan o digan,
háganlo como representantes del Señor Jesús.
Colosenses 3:17

"Yo nunca dejaría que mi hija saliera así de casa", me susurró al oído la madre de mi amiga.

Yo (Lee) giré lentamente la cabeza para ver qué era lo que le había llamado la atención. Una chica bonita acababa de entrar al gimnasio con un top diminuto y unos pantalones de jeans súper ajustados. Murmuré para mis adentros y traté de pensar qué podía decir para cambiar discretamente la conversación.

Momentos como este me resultan muy desagradables. He sido *esa chica* de la que hablan. También he sido esa madre que desearía que la chica que vio pasar hubiera elegido otra ropa.

De todas las formas en que nos comparamos unas con otras como chicas, quizá seamos más duras en nuestras críticas con lo que llevan puesto otras chicas. No por la marca, sino por la longitud y la cobertura. La ropa... o falta de ropa. Algunas de nuestras mayores discusiones entre nosotras, con nuestros padres y, a veces, incluso con nuestras iglesias, giran alrededor de esa complicada palabra: *modestia.*

¿Qué es apropiado?

Muchas de nosotras nos acobardamos cuando oímos la palabra *modestia,* incluso admitimos que no sabemos realmente qué significa modestia. Sin embargo, es una palabra importante que hay que entender, ya que la Biblia dice "quiero que las mujeres se vistan de una manera modesta. Deberían llevar ropa decente y apropiada" (1 Timoteo 2:9). Podríamos pensar principalmente en la forma en que se viste una chica, el largo de sus faldas o la cantidad de piel que muestra, pero cuando consideramos la definición bíblica de modestia, vemos que es más una cuestión del corazón que de la ropa.

La modestia realmente tiene dos definiciones distintas:

1. Una actitud y perspectiva humilde sobre uno mismo y las habilidades que uno tiene.
2. Ser apropiado y decente en la forma de vestir, hablar o comportarse.

Así pues, la modestia consiste en ser apropiado (en comportamiento y actitud) en cualquier situación.

- **Repasa las dos definiciones de modestia.**

- **¿Cómo actuaría una chica que se comportara de forma contraria a la modestia? ¿Qué palabras utilizarías para describir a alguien que *no* se comporta con modestia?**

- **Escribe los números 1, 2 y 3 sobre las tres áreas en las que una persona se comporta con modestia. ¿Cómo puedes mostrar un comportamiento apropiado en esas tres áreas (forma de vestir, hablar y comportarse)?**

¿Qué tiene que ver la humildad aquí?

En realidad, la modestia tiene que ver con la humildad: pensar menos en nosotras mismas. Es la voluntad de no llamar la atención sobre nosotras mismas y dejar que Jesús sea el centro de atención dondequiera que estemos. Dios nos pide que tengamos una humildad que comience en nuestro corazón y se manifieste en cómo hablamos, actuamos, e incluso en cómo nos vestimos.

- **Puesto que la modestia tiene que ver con la humildad, he aquí algunas áreas en las que podemos mostrar modestia. Rodea con un círculo cualquiera que no hayas considerado antes.**

Cuando ganamos un premio   Cuando publicamos fotos nuestras

Cómo movemos el cuerpo   Cuando elegimos nuestra ropa

Cuando sabemos la respuesta antes que nadie

Cómo tratamos a los chicos   Cómo hablamos de nuestros logros

Cuando una amiga hace algo genial

Cuando necesitamos ayuda con un proyecto escolar

Cuando pedimos la opinión de otros

- **¿Qué otras situaciones se te ocurren en las que podrías mostrar modestia?**

La verdad es que hay muchas áreas de la vida en las que podemos aprender a dejar que Jesús sea el centro de atención a través de nosotras en lugar de querer acaparar la atención. Sería un hábito increíble pararse frente al espejo todos los días y orar: "Señor Jesús, quiero honrarte hoy. ¿Hay algo que estoy haciendo o diciendo que no sea honroso para ti?". Entonces, ¿qué tal si esperamos un minuto para ver si sentimos algo? La pregunta no es: ¿Son apropiados estos pantalones, este top o este comentario? La pregunta es: *¿Por qué* llevo puesto, hago o digo esto?

Shannon y yo hemos cometido errores en este ámbito. Nos hemos vestido de una forma, hemos salido y después nos hemos dado cuenta de que no podíamos agacharnos sin ser inapropiadas. O hemos llamado la atención sobre nosotras de una manera que no debíamos. Y ambas hemos sido culpables de fijarnos tanto en lo que otras personas decían, hacían o llevaban puesto (o no llevaban puesto), que no podíamos concentrarnos en amarlas; estábamos demasiado ocupadas en juzgar su actitud o su ropa. La verdad es que siempre estamos aprendiendo a actuar y a vestirnos de forma atractiva y apropiada a la situación.

- **Piensa en una mujer que admiras y que se viste de una manera que crees que honra a Dios. ¿Qué notas en ella?**

- **Repasa el versículo de hoy. Completa los espacios en blanco con las palabras que faltan.**

    Y _____ lo que hagan o _____, háganlo como representantes del _____.

He aquí una buena noticia: cuando estamos dispuestas a actuar con humildad, Dios nos apoya y nos da su gracia (1 Pedro 5:5). Eso significa que Dios puede ver nuestro esfuerzo y nuestros deseos, y nos perdona cuando no somos perfectas.

¿Cómo elijo mi ropa?

La modestia afecta todas las áreas de nuestra vida, pero ya que aparece más en las conversaciones sobre la forma de vestir cuando eres una adolescente, concentrémonos en eso por un momento.

- **¿Dirías que te vistes para llamar la atención? ¿Por qué sí o por qué no?**

■ ¿Hay cambios que deberías hacer para honrar más a Dios en tu forma de hablar, actuar o vestir? ¿Cuáles son?

Cuando intentamos destacarnos, llamar la atención y superar a los demás, tenemos la enorme tentación de utilizar nuestra ropa para conseguir esos objetivos. ¡No querríamos dejar de llamar la atención por llevar algo que nos haga pasar desapercibidas! Ahora bien, cuando solo nos presentamos para servir a los demás, la ropa no es tan importante como la actitud. Nuestra ropa es solo la forma de prepararnos para servir a los demás ese día.

A la hora de pensar en cómo vestirte, aquí tienes tres preguntas que te ayudarán a elegir qué ponerte:

1. ¿Sobre qué quiero llamar la atención?

La modestia no es solo cosa de chicas. Puede que te sorprenda, pero Jesús también advirtió a los hombres sobre la falta de modestia, y no fue por el largo de sus *shorts*. Jesús dijo: "Antes, hacen todas sus obras para ser vistos por los hombres. Pues ensanchan sus filacterias, y extienden los flecos de sus mantos" (Mateo 23:5, RVR-1960). Las filacterias son pequeñas cajas cubiertas de cuero, que los hombres judíos (todavía hoy) se colocan en la frente y en los brazos. Las cajas contienen pequeños pergaminos con fragmentos de la Palabra de Dios. Sus "flecos" son borlas que se ponen en los bordes de las túnicas para recordar los mandamientos de Dios. No obstante, en lugar de dirigir su atención a Dios, los líderes religiosos de la época de Jesús llevaban borlas extremadamente largas para llamar la atención sobre *sí mismos*.

Es probable que las filacterias y las borlas no sean un problema en tu vida, ¿verdad? Sin embargo, ¿no hay otras formas de vestirnos para llamar la atención? Cuando era adolescente, yo (Shannon) a veces llevaba ropa ajustada, escotada y transparente, no porque fuera cómoda. Y cuando pagaba el triple por una marca, no era porque el pequeño logotipo fuera bonito. Incluso las que llevan vestidos abotonados y holgados hasta el suelo pueden estar intentando llamar la atención sobre su modestia superior. Ninguna de las dos cosas es buena, ¿no es cierto?

Cuando usamos nuestra ropa para atraer las miradas de los demás, no somos diferentes a aquellos que se ataban cajas de cuero a la cabeza y a los que Jesús les llamó la atención por su falta de modestia.

2. ¿Estoy dispuesta a dejarme guiar en esta área?

No es raro que las chicas tengan desacuerdos con sus padres sobre lo que se les permite vestir. A veces hay un código de vestimenta para nuestras escuelas o nuestros equipos. En ocasiones, hay reglas sobre lo que se puede o no se puede usar en campamentos o actividades de la iglesia. Está bien no estar de acuerdo, pero la pregunta es: ¿Estás dispuesta a honrar a la autoridad y dejarte guiar en la elección de tu ropa? ¿Puedes tener una conversación sin contrariarte? ¿Estás dispuesta a escuchar y a dejar de lado tus preferencias por las preocupaciones de otra persona?

3. ¿Juzgo a otras chicas por lo que llevan puesto?

Es tan erróneo sentirse superior por tu ropa como menospreciar a otra por lo que lleva puesto. Puede que su ropa no esté de moda. A lo mejor es obvio que está intentando conseguir novio. Quizá no pueda comprarse ropa de marcas costosas. Sea como sea, si la miras con aires de superioridad es porque tú te crees superior. Intenta mirar más allá de lo que llevan puesto otras chicas para verlas como personas a las que Jesús ama. Reconoce que luchan con la ropa tanto como tú. Ofréceles un lugar al que pertenecer, sin importar lo que lleven puesto.

Cuando busques ropa en tu armario, examina tu corazón. Pide a Dios que te ayude a elegir tu ropa. ¿Quieres llamar la atención sobre ti o sobre Jesús? Y cuando mires a tu alrededor, concéntrate más en las personas, que en lo que llevan puesto. Pide a Dios que te ayude a verlas como Él las ve.

Jesús:
Siempre quiero que las cosas que digo, hago y visto te honren. Muéstrame si estoy cometiendo errores en esta área. Quiero que mi vida sea de honra para ti.
Amén.

Día 20

NO ME GUSTAN LOS CHICOS

Ámense unos a otros con un afecto genuino
y deléitense al honrarse mutuamente.

ROMANOS 12:10

HACE UNOS DÍAS, Lee mencionó que gustar a los chicos era como un deporte para ella, pero para mí (Shannon) era un deporte que no practicaba. Al menos, no a tu edad.

Una vez, en un campamento, un chico le llevó la Biblia de mi amiga Katy a su cabaña después de la reunión en la capilla. Yo estaba anonadada, y pensaba: "Ella puede llevarla sin que la ayudes". Pero cuando miré a Katy, me di cuenta de que estaba *encantada* con la atención, lo que me desconcertó. Tomás era un sabelotodo maloliente. Y yo deseaba que Katy dejara de prestarle atención para que pudiéramos seguir con nuestra vida e ir a nadar.

Katy fue solo la primera de muchas amigas que desviaron su atención de mí y de nuestros divertidos planes hacia algún chico. En una ocasión, un grupo de mi iglesia volvía a casa en la furgoneta de la iglesia después de una excursión en trineo. Yo sabía que mi mejor amiga intentaba ser simpática e incluirme, pero en realidad estaba pensando en el chico que estaba al lado, el que sostenía su mano bajo la manta.

No lo entendía, pero también sentía que no estaba dando la talla. Me dejaban de lado, y eso me molestaba. En los últimos años de la adolescencia, comenté a unos chicos con los que trabajaba:

—Creo que nunca me voy a casar. Yo quiero casarme, quiero ser madre, pero no creo que lo consiga.

—Estás loca. Claro que te vas a casar. Salta a la vista —me dijeron sorprendidos por lo que había dicho.

Sinceramente, me ayudó mucho saber que me veían como una candidata ideal para el matrimonio, aunque no estuviera loca por los chicos.

Efectivamente, a los veintitrés años de edad, conocí a mi marido, Ken, en una cita a ciegas. ¿Y saben qué? Al mirar hacia atrás, a todos mis años *sin* estar loca por los chicos, no creo que me haya perdido mucho.

¿Por qué te digo esto? Porque al igual que Lee, que quiere que evites la trampa de medirte por el interés que sientes por los chicos, yo no quiero que te midas por lo *desinteresada* que puedas estar. Esto es lo que me diría a mí misma a tu edad: "No te preocupes por los chicos. Por supuesto que le estás pidiendo a Dios que te dé un chico a quien amar algún día, pero en realidad solo le estás pidiendo *uno*".

Por qué esperar para enamorarte

La historia de cada chica es diferente cuando se trata del despertar de la atracción. Para Lee, los chicos estaban en su mente desde muy joven. Para muchas otras chicas ocurre más tarde, y a veces ni siquiera les ocurre. ¿Podemos empezar esta conversación diciendo que está bien ser la que eres y sentir lo que sientes?

Creemos que el enemigo está de fiesta por la cantidad de vergüenza que sienten las chicas en este terreno. De hecho, sabemos que el enemigo se aprovecha de las partes de nuestra historia en las que no podemos expresar a los demás lo que sentimos. Sin embargo, cuando exponemos nuestra confusión a la luz de Cristo, esto desarma al enemigo y nos quita el aguijón de la vergüenza. La sociedad te quiere convencer de que deberías estar cautivada por los chicos desde muy temprana edad. Amiga, eso no es verdad. Los "deberías" no ayudan. La verdad es que las chicas experimentan diferentes tipos de atracción a diferente edad y diferente etapa.

He aquí tres razones por las que una chica que se niega a la comparación podría decir que no le gustan los chicos:

1. Todavía no

Juana era parecida a Shannon. Durante sus años escolares se dedicó a jugar al baloncesto, pasar tiempo con su familia o participar del grupo de jóvenes.

No le interesaban los chicos antes de la universidad. Ahora está casada con un hombre estupendo y tiene unos hijos increíbles (y deportistas). Juana está agradecida por no haber tenido ese deseo de tener novio demasiado pronto; pero también está segura de que, si hubiera crecido hoy día, las cosas habrían sido diferentes.

Juana me comentó: "Apuesto a que, si hoy fuera adolescente, mis amigas me sugerirían que mi falta de interés por los chicos significaba que me *debían* de gustar las chicas. Probablemente, habría mirado a mis amigas íntimas y me habría preguntado si los sentimientos de afecto que sentía por ellas eran erróneos. Me habría cuestionado mi sexualidad, pero la verdad es que no estaba preparada para tener novio. No es que no quisiera tenerlo *algún día*. Simplemente, no estaba preparada todavía".

A veces, hay que esperar un poco más para que Dios traiga al chico adecuado en el momento indicado. Nuestra amiga Nancy Wolgemuth ha vivido una vida alegre, llena de relaciones significativas y propósito. Durante la mayor parte de esos años fue soltera. Luego, a los cincuenta y siete años, se casó por primera vez cuando Dios trajo a su vida a un viudo llamado Robert.

2. Soltera a propósito

Elena está ahora en la universidad, pero desde que era pequeña les dijo a sus padres que no quería casarse. Elena ha estado sumamente enfocada en lo que ella cree que es el plan de Dios para su vida: convertirse en misionera en China. De hecho, pronto partirá para predicar el evangelio durante dos años en ese país. Se identifica con el apóstol Pablo, que dijo que a veces es mejor estar soltero. Incluso puede ser un don para ti y para los demás (1 Corintios 7:7).

3. Atracción por las chicas

Silvina no recuerda ninguna época en la que le gustara un chico. Siempre ha pensado que las chicas eran más bonitas, más buenas y, si te tuviera confianza, ella te diría que siempre ha sentido atracción por las chicas. Aceptó a Jesús como su Salvador cuando estaba en primer grado, y lo hizo con todo su corazón. Ahora que tiene más de treinta años, lo sigue haciendo. Silvina ha enfrentado la vergüenza al crecer en la iglesia y saber que "a las chicas les deben gustar los chicos".

Felizmente, Silvina confesó su confusión y vergüenza a una mujer mayor sabia y piadosa, que empezó a caminar a su lado. Esa mujer le mostró lo que dicen las Escrituras sobre el amor de Dios por ella sin importar por quién se sienta atraída, y le enseñó que, aunque Dios creó el matrimonio entre un hombre y una mujer, todos estamos diseñados para mantener relaciones profundas. La mentora de Silvina le dijo: "La atracción por personas del mismo sexo no es pecado hasta que actúas en consecuencia. Es simplemente una tentación de vivir fuera del plan de Dios para tu vida. La Biblia dice que todos somos tentados a pecar de diversas maneras. Esta será una de esas tentaciones que necesitas que Jesús te ayude a vencer".

No somos las más indicadas para hablar de todo lo que se podría decir sobre las chicas que les gustan las chicas.

Sinceramente, hay personas que lo enseñarían mejor, pero ¿podemos estar todas de acuerdo en que Dios nos ama profundamente? No vales más o menos si te gustan los chicos, si te gustan las chicas o si no tienes ni idea de lo que sientes. Eres amada y querida. Dios te ama y no tiene nada que ver con tu estado sentimental o con lo que sientas por los chicos.

Lo que Dios quiere para tus relaciones

Dios no exige ni desea que todas sus hijas estén constantemente buscando relaciones amorosas. Él quiere que nuestro enfoque esté en Él y en construir relaciones que sean importantes. Fuiste diseñada para tener relaciones profundas, emocionantes y duraderas tanto con chicos como con chicas.

- **Vuelve a leer el versículo del día de hoy y escríbelo aquí:**

- **¿Qué clase de amor deben mostrarse los hermanos unos a otros? ¿Por qué crees que Pablo dijo que todas nuestras relaciones deben estar basadas en ese tipo de amor?**

■ **¿Qué crees que significa honrar a alguien, y por qué debemos todos tomar la iniciativa en hacerlo?**

Es tentador intentar averiguar quién eres mirando a tu alrededor para descubrir quién te gusta en comparación con lo que les gusta a otras chicas. También es tentador buscar tu valía personal comparándote con otras chicas y con lo que piensan los demás. Pero ninguna de las dos cosas es saludable.

No nos malinterpretes. Lee y yo queremos que mires a tu alrededor y veas a las otras personas que están a tu lado. Queremos que estreches tus brazos con ellas y las recibas en tu círculo. Sin embargo, cuando se trata de averiguar quién eres y cuánto vales, otras personas no te ayudarán. Esas son respuestas que tienes que buscar en Dios. Él es quien te diseñó... ¡maravillosamente! Así que Él decide lo que vales. Y cuando acudas a Él, esto es lo que Dios te recordará una y otra vez: ¡Eres amada! Igual que la chica que está a tu lado.

Señor Jesús:
Estoy muy agradecida de que me hayas diseñado para establecer relaciones profundas. Quiero crecer en mi capacidad de amar, honrar y apoyar tanto a mis hermanos como a mis hermanas en Cristo. Amén.

COMPARAR LA POPULARIDAD

Shannon: Lee, ¿conoces a esa chica, Catalina? Me hace sentir insignificante. Traté de sonreír y saludarla esta mañana en el estacionamiento, pero ni me miró y saludó a alguien detrás de mí. Me sentí una imbécil. ¿Por qué es tan popular? ¿Por qué ella y no yo?

Lee: ¡Uf! Realmente, detesto sentirme ignorada. Lo siento mucho, amiga. Veamos a cuántas personas podemos saludar hoy. Busquemos a las personas que todos los demás ignoran. A veces, cuando estoy herida y me siento excluida, lo más liberador y sanador que puedo hacer es centrarme en servir a los demás. Vamos a comprobarlo esta noche. Yo también me voy a dedicar a mirar a los demás y saludarlos.

CUESTIONARIO: LOS AMIGOS

ESTA VEZ, EN LUGAR de un cuestionario, nos gustaría que escribieras el nombre de la primera amiga que te venga a la cabeza al responder las siguientes preguntas:

- ¿Qué amiga nunca está sola?

- ¿A qué amiga llamas o envías un mensaje de texto primero cuando estás enfadada?

- ¿Quién es la más propensa a guardar un secreto?

- ¿Cuál de tus amigas tiene más amigas?

- ¿A quién llamarías si necesitaras ayuda con la tarea escolar?

- ¿Quién se daría cuenta si te sintieras excluida?

- ¿Quién parece no necesitar a otros?

- ¿Cuál de tus amigas tiene más probabilidades de ser presidente?

- ¿Qué amiga conoce siempre los últimos chismes o está siempre al tanto de todo?

- ¿Cuál de tus amigas es una gran líder?

- ¿Cuál de tus amigas actúa más como Jesús?

- ¿A quién llamarías para que te ayudara con tu peinado o maquillaje?

- ¿A quién llamarías si necesitaras algún consejo basado en la Biblia?

¿Te ha venido a la mente alguna amiga para cada pregunta? Si es así, ¡increíble! Dios te ha dado amigas estupendas. Si no, no te preocupes. Es poco habitual tener un nombre para cada categoría. Especialmente, cuando se trata de amigas en las que puedes confiar. Al iniciar esta conversación sobre la popularidad, por favor recuerda que lo más importante para Jesús es que seamos buenos amigos los unos de los otros. Y si has escrito al menos algunos nombres, probablemente sea un buen comienzo.

Día 21

LOS "ME GUSTA" Y LAS REDES SOCIALES

De la misma manera, dejen que sus buenas acciones brillen
a la vista de todos, para que todos alaben a su Padre celestial.
MATEO 5:16

CARLA PASÓ UNA HORA y media preparándose esta mañana. Se peinó con ondas y dedicó tiempo a cada rizo. Hoy se ha maquillado impecablemente, con un contorno de mejillas, bronceador y labios naturales. Se puso una camisa deportiva, agarró su teléfono y se tomó una selfi. Luego, escribió un comentario de pie de foto.

■ Rodea con un círculo el pie de foto *menos* probable que publique Carla:

a. "Hoy es un día para quedarse en casa y no maquillarse".

b. "Salté de la cama y estoy lista para ir al gimnasio. ¿Alguien quiere tomar un café?".

c. "¡Hoy será un día increíble y soleado! Sonríe. Así todo el mundo se sentirá mejor".

d. "He tardado una hora y media en arreglarme antes de tomarme esta foto, y quiero que te guste mi post para saber que te importo".

Nos reímos porque podríamos ver a Carla publicar la opción a, b, o c, ¡pero definitivamente no la d!

La mayoría de nosotras podemos ver más allá de las redes sociales. Sabemos que hay más en la vida de una persona que la imagen que publica en Instagram o el Snap que aparece y luego desaparece. La chica cuyos posts y Snaps consigue todos los "me gusta" solo está publicando sus mejores momentos, pero, aun así, soñamos con tener su vida. Queremos que los demás nos vean como la ven a ella, como alguien perfectamente simpática.

Otras pasamos por alto la perfección y nos limitamos a mirar nuestras fotos para encontrar una en la que parezcamos hermosas, felices y a gusto. Se supone que las redes sociales hacen que los demás se sientan conectados con nosotras, ¿verdad? Sin embargo, al final, todos los estudios sobre las redes sociales demuestran que esta conectividad y popularidad en línea no nos hace sentir más conectados, sino que nos separa unos de otros.

¿Qué estoy buscando?

Recuerdo perfectamente el día en que llegué a la entrada de mi casa y agarré mi teléfono para ver Instagram mientras esperaba a que se abriera la puerta del garaje (¡un claro señal de adicción!). Estuve sentada un par de minutos con el pie en el freno cuando me vino a la cabeza esta pregunta: *¿Qué estoy buscando?*

- **¿Tienes redes sociales? Si es así, ¿por qué las consultas o publicas cosas en ellas? Si no, ¿por qué crees que otras personas utilizan las redes sociales?**

La verdad es que solemos recurrir a las redes sociales para cosas buenas y divertidas:

- Entretenimiento
- Ideas interesantes
- Mantener el contacto con los amigos
- Guardar recuerdos divertidos

Otras veces, recurrimos a las redes sociales por razones que nunca diríamos en voz alta o de las que ni siquiera somos conscientes:

- Para adormecernos. *Si sigo desplazándome por la pantalla, no me sentiré tan sola, triste o molesta.*
- Como distracción. *Si estoy ocupada con esto, no tendré que hacer...*

- Para presumir. *Hoy me veo bien, debería tomarme una foto.*
- Para determinar quién es popular. *¡Mira cuántos seguidores tiene!*
- Para saber qué opinan "realmente" los demás de nosotras. *Si les gusto, comentarán y les pondrán "me gusta" a mi foto.*

¿Te contamos un secreto? Las redes sociales no son un concurso de popularidad, no son un objetivo que merezca la pena y, desde luego, no son un indicador de la verdadera amistad. Son simplemente un conjunto de habilidades.

Una chica que tiene muchísimos seguidores y se toma fotos geniales puede ser una persona fantástica. O puede que simplemente sea muy buena para publicar posts, conseguir una buena iluminación y hacerse la graciosa en sus *reels*. Sin embargo, una racha de Snap no es prueba de una amistad, y un comentario no significa que te importe profundamente. Ser "amiga" en las redes sociales requiere una habilidad totalmente distinta a la de ser una buena amiga en persona.

■ **Tómate un minuto para pensar en lo que se necesita para ser una buena amiga y compáralo con lo que se necesita para ser una *influencer*. Te ayudaremos a empezar.**

Buena amiga	Buena *influencer*
Auténtica. Te deja ver las cosas reales que pasan en su vida	
	Quiere que la sigan.
Pasa tiempo contigo.	
	Podría ser súper popular.
Se preocupa por tus necesidades.	
	Busca ganar algo de tener muchos seguidores.

¿Por qué me conocerán?

¿Sabías que el Nuevo Testamento solo llama discípula de Jesús a una mujer? Claro, hubo muchas mujeres que fueron *seguidoras* de Jesús y muchas que fueron usadas por Dios. Sin embargo, la Biblia solo usa la palabra *discípula* en femenino una vez, y describe a una mujer llamada Tabita. Esto es lo que describe de ella.

> Había una creyente en Jope que se llamaba Tabita (que en griego es Dorcas). Ella siempre hacía buenas acciones a los demás y ayudaba a los pobres. En esos días, se enfermó y murió. Lavaron el cuerpo para el entierro y lo pusieron en un cuarto de la planta alta (Hechos 9:36-37).

- **¿Qué dice la Biblia que hacía siempre Tabita?**

- **Amiga, si la Biblia hablara de ti, ¿cómo te describiría? ¿Qué estás haciendo siempre?**

Algunas seríamos conocidas por estar siempre jugando al fútbol, leyendo o mirando nuestro teléfono. Otras seríamos conocidas por sonreír, reírnos a carcajadas o ayudar a los demás a sentirse mejor consigo mismos. Tabita era conocida por hacer el bien siempre, y no a aquellos que podían pagarle o que eran muy populares. Tabita era conocida por ayudar a los pobres sin buscar ninguna atención ni reconocimiento.

El libro de los Hechos nos cuenta que, cuando se enfermó y murió, los otros discípulos avisaron al apóstol Pedro y le pidieron que fuera rápidamente.

> El cuarto estaba lleno de viudas que lloraban y le mostraban a Pedro las túnicas y demás ropa que Dorcas [Tabita] les había hecho. Pero

Pedro les pidió a todos que salieran del cuarto; luego se arrodilló y oró. Volviéndose hacia el cuerpo, dijo: «¡Tabita, levántate!». ¡Y ella abrió los ojos! Cuando vio a Pedro, ¡se sentó! (Hechos 9:39-40).

¿Te imaginas la reacción de la gente cuando bajaron juntos las escaleras? Pedro convocó a todos los creyentes, especialmente a las "viudas" que tanto querían a Tabita, y juntos celebraron la sanidad y la resurrección que Dios había hecho.

Cuando pensamos en la popularidad y en ser famosas (aunque solo sea en nuestra escuela, iglesia o ciudad), debemos tener en cuenta que no está mal ser conocidas. La pregunta es: ¿Por qué serás conocida?

Tabita vivía para dar. Toda su vida hablaba de Jesús, y la gente lo notaba. Era conocida por todas las cosas que hacía para ayudar y servir a los demás. Tabita era una excelente amiga y eso fue lo que la hizo influyente. Fue el hacer las cosas reales de la vida lo que la llevó a tener seguidores. Nos reímos solo de pensarlo: ¿Te imaginas a Tabita obsesionada todo el tiempo con ser una *influencer* o por conseguir más "me gusta"? No. Simplemente, estaba ocupada amando y sirviendo a los demás. ¡Qué manera extraordinaria de vivir la vida!

- ¿Hay alguien en tu vida a quien le vendría bien algunas palabras de ánimo hoy? ¿Cómo podrías acercarte a esa persona y mostrarle el amor y el cuidado de Jesús?

Jesús:
¡Qué milagro! Gracias por el ejemplo de Tabita. Quiero vivir una vida famosa por mostrar amor y servir a los demás. Ayúdame a ver realmente a las personas que me rodean en lugar de querer que me vean.
Amén.

Día 22

ELEGIDA

Pero ustedes no son así porque son un pueblo elegido. Son sacerdotes del Rey, una nación santa, posesión exclusiva de Dios. Por eso pueden mostrar a otros la bondad de Dios, pues él los ha llamado a salir de la oscuridad y entrar en su luz maravillosa.

1 Pedro 2:9

Candela miraba incrédula los anuncios de la escuela secundaria. Con cada nombre que leía, su corazón se llenaba de esperanza. Todas las nominadas a la corte de bienvenida eran buenas chicas. No solo las más bonitas o las que gustaban a todos los chicos. Las nominadas eran amables, simpáticas con todo el mundo y auténticas. Por una vez parecía que todo el alumnado había acertado. Las buenas chicas podían llegar a lo más alto.

Fue entonces cuando se fijó en la lista de nominaciones a rey de la fiesta de bienvenida. En medio de los nombres de los chicos populares aparecía un chico tan torpe que Candela tuvo que preguntarse cómo era posible. Les pasó el boletín de anuncios a las chicas que la rodeaban con un gesto de extrañeza. ¿Quién había nominado a *ese* chico?

"Ah, sí. Es una broma —dijo su amiga Carola—. ¿No es gracioso?".

Candela estaba desilusionada, pero también agradecida. Hubiera sido bueno que la nominaran, pero al menos no la habían elegido en broma.

¿Me elegirán?

Es normal querer gustar y ser elegida.

Cuando éramos pequeñas, arrancábamos los pétalos de las flores uno por uno. "Me quiere, no me quiere...". Los pétalos caían a medida que buscábamos la verdad. *¡Me quiere! ¡Me va a elegir!*

Por supuesto, sabíamos que teníamos un cincuenta por ciento de posibilidades de ganar el juego de los pétalos. Pero, en la vida, las probabilidades de ser elegida (como novia, reina del baile o para un equipo, premio o cualquier otro honor) parecen incluso menores. Deseamos que los demás se fijen en nosotras y que les gustemos. Y lo deseamos *mucho*. Puede que nunca lo digamos en voz alta, pero sería estupendo ser populares, ¿no es cierto?

Sin embargo, en el mundo, para ser popular tienes que demostrar que eres *más* que otros. Más impresionante. Más divertida. Más carismática. Ya sea que solo estés contando votos en tu cabeza o participando en unas elecciones reales, para ser popular tienes que conseguir más votos que otras personas. Y no se puede ser popular en una isla desierta. Necesitas a otras personas a tu alrededor que estén de acuerdo en que tienes más en tu taza medidora que los demás.

No obstante, Jesús quiere que sepas que todo este afán por conseguir votos y medir a las personas pertenece a los caminos del mundo, no los suyos. En su reino, el asunto está resuelto: ¡Ya has sido elegida! Él te ha elegido.

- **Echa un vistazo al versículo del día. Rodea con un círculo la palabra *elegido*. De hecho, pon una estrella al lado. Ahora escribe tu nombre en el espacio en blanco de abajo.**

    _____ ha sido elegida.

- **¿Qué tipo de sentimientos y recuerdos tienes cuando piensas en ser nominada o elegida?**

- **Si supieras con certeza que Jesús *te* eligió y lo sintieras en lo más profundo de tu corazón, ¿qué cambiaría hoy en tu vida? ¿Intentarías hacer algo nuevo? ¿Hablarías con otras personas?**

¿Quién es el más importante ahora?

Los discípulos de Jesús sabían que habían sido elegidos. De todas las personas del mundo, Jesús había escogido a los doce para que estuvieran con Él todo el tiempo. Estaban allí cuando enseñaba y cuando hacía milagros. Eran personas especiales. Si todos ellos estuvieran de pie con una taza medidora de vidrio en la mano, ¡sus tazas ya estarían llenas solo por el hecho de que Jesús los había elegido!

Ahora bien, podrías pensar que sería suficiente para ellos saber que Jesús los había elegido para ser parte de su equipo. No obstante, se medían y votaban en sus cabezas por quién era el mejor del equipo. Incluso, a veces hablaban y se preguntaban entre ellos.

Un día, mientras iban por el camino, se enredaron en una gran discusión sobre quién era el más importante entre ellos. Era como si sostuvieran sus tazas medidoras una al lado de la otra y discutieran sobre cuál estaba más llena de importancia. La Biblia no dice qué provocó la discusión, pero como una mujer que tiende a compararse tengo una teoría al respecto.

Poco antes de esta discusión, Jesús había subido a la cima de una montaña y dejó que algunos de sus discípulos vieran su gloria resplandeciente. No lo vieron como una persona normal, sino como se vería en el cielo (Marcos 9:2-10), pero no todos los discípulos lo vieron. Solamente los tres que fueron invitados y, aunque Jesús les prohibió hablar del asunto, probablemente eso no les impidió comunicar mediante sus cejas levantadas o lenguaje corporal lo increíble que había sido la experiencia.

Como verás, el hecho de que Jesús se llevara solo a tres discípulos podría haber provocado un debate entre los doce: "¿Quién es el más importante ahora?".

Cuando llegaron a su destino, Jesús les preguntó de qué habían estado hablando en el camino.

> Pero no le contestaron porque venían discutiendo sobre quién de ellos era el más importante (Marcos 9:34).

■ **¿Por qué crees que no dijeron ni una palabra? ¿Cómo crees que se sintieron cuando Jesús les hizo esa pregunta?**

■ **¿Crees que se sintieron avergonzados? ¿Por qué sí o por qué no?**

Los discípulos sabían que su comportamiento había sido inapropiado. Era obvio que se habían enfocado en las líneas medidoras, y sabían que a Jesús le interesaba que derramaran su taza (Marcos 9:35). Así que Jesús se sentó con ellos y les siguió enseñando:

> Quien quiera ser el primero debe tomar el último lugar y ser el sirviente de todos los demás (Marcos 9:35).

Fíjate que Jesús no criticó a los discípulos por querer ser importantes; simplemente redefinió lo que eso significa. En el reino, los más importantes no son los primeros, ni los mejores ni los más grandiosos. Son los que eligen ser últimos.

Piensa en los podios donde se suben los ganadores de los Juegos Olímpicos. Solo hay un lugar en la cima para el medallista de oro, ¿verdad? En el mundo, es natural querer ese primer puesto. Queremos que nos clasifiquen en primer lugar o que nos elijan primero. Queremos que la taza medidora se llene hasta la línea superior. Sí, sabemos que hay plazas limitadas para el podio más alto, pero eso solo lo hace más deseable. Nos peleamos y empujamos en un intento por aventajar a los demás y demostrar que somos el número uno.

Sin embargo, Jesús dice que en su reino las cosas son al revés. Los más importantes son los que eligen ser los últimos. Y lo bueno de ese último escalón del podio es que hay sitio de sobra para todos nosotros. *Todos* podemos ser los más importantes porque *todos* podemos elegir poner a los demás primero.

■ **Vuelve al último versículo y rodea con un círculo la palabra *todos*.**

¿Ves cómo la grandeza en el reino de Jesús no se limita a los que son más populares? No tiene nada que ver con lo bonita o inteligente que puedas ser.

Puede que no sea fácil, pero cualquiera puede ser importante a los ojos de Jesús, porque cualquiera puede optar por servir a otros.

COMPARAR LA POPULARIDAD

Jesús:

Gracias por elegirme. Admito que a veces quiero que los demás me elijan. Ayúdame a poner a los demás primero. Enséñame a ser una sierva para todos.

Amén.

Día 23

FAVORITISMO

*Hermanos míos, la fe que tienen en nuestro glorioso Señor Jesucristo
no debe dar lugar a favoritismos.*

Santiago 2:1 (nvi)

Clara y Sofía viven una al lado de la otra, pero no podrían ser más diferentes. Clara pertenece a una banda musical. Le encanta la música y canta mientras camina por el pasillo del colegio. Sofía juega al fútbol. Está en un equipo de fútbol itinerante y a menudo patea pelotas en el patio de su casa.

Clara y Sofía eran amigas íntimas cuando eran pequeñas. Antes siempre jugaban juntas, pero ahora apenas se miran a los ojos. Se ignoran mientras esperan el autobús cada mañana. Y, cuando entran a la clase, ni se les ocurriría sentarse una al lado de la otra. Los que juegan al fútbol miran con desdén a los que tocan música. *Son raros y aburridos.* Y a los que tocan música tampoco les gustan los deportistas que juegan fútbol. *Son engreídos.*

A nuestro enemigo le encanta utilizar nuestras diferencias para fomentar actitudes de superioridad e inferioridad hacia los demás. Nos mantiene separadas haciéndonos creer que nuestras diferencias son demasiado grandes para que seamos amigas. A él no le importa si nos comparamos y pensamos que estamos en la cima (y decidimos que somos demasiado buenas para la otra chica) o que estamos en el fondo (y sentimos que no valemos nada). *Ella es demasiado especial para mí. Ni siquiera lo intentaré.* Cualquiera que sea el caso, nuestro enemigo gana cuando nos divide en grupos superficiales que no están dispuestos a recibir a personas que tienen tazas medidoras que no coinciden con las nuestras.

El mensaje "Tú no perteneces. Eres inferior a mí" es algo que rara vez se dice, pero se puede transmitir en nuestros pensamientos y nuestras acciones.

El factor desagrado

El desagrado que sentimos los unos por los otros (lo llamaremos el "factor desagrado") amplía fácilmente la división entre nosotros. En el mundo resulta natural encerrarnos en nuestros pequeños círculos sociales y decidir quién es diferente y por qué no pertenece a nuestro grupo. En cambio, en el reino de los cielos se celebra a todo el mundo, no porque todos seamos iguales, sino precisamente porque somos diferentes. Nuestro objetivo es fomentar la unidad, no la uniformidad: tener compañerismo a pesar de nuestras diferencias.

Piensa con nosotras por un momento. En algunas escuelas, se pide a los niños que lleven uniforme. Todos llevan el mismo color de pantalón o falda y el mismo color de camisa. ¿Por qué? Porque los responsables de la escuela no quieren que las diferencias entre los niños sean una distracción. Intentan que los alumnos no se fijen en lo que llevan puesto y, en cambio, se concentren en sus estudios. No obstante, aun cuando todos visten igual, los alumnos encuentran otras formas de agruparse. La escuela puede haber evitado las bromas y los juicios sobre la ropa, pero no puede hacer que todo el mundo sea exactamente igual. Es imposible que *todo* sea uniforme.

■ **¿Cómo es tu colegio o tu grupo de jóvenes? ¿Cómo se agrupan las personas?**

Dios nunca quiso que todos fuéramos iguales. Él diseñó sabiamente cada aspecto de cada persona y se aseguró de que fuéramos únicos hasta en las huellas dactilares. Puede que ahora mismo estemos asintiendo con la cabeza y digamos: "¡Sí, todos somos únicos! Me encanta", pero cuando se trata de hacer amigos o conocer gente nueva, a menudo elegimos con quién entablar una relación a partir de nuestras similitudes.

■ **Piensa en las amistades que te rodean. Marca la casilla que más se ajuste a tus amigos.**

¿Cuantos amigos tienes que...	Muchos	Pocos	Ninguno
...son muy inteligentes en sus estudios?			
...les va muy mal en la escuela?			
...practican deportes?			
...actúan en obras teatrales o cantan en el coro?			
...tienen un color de piel diferente?			
...se visten diferente a ti?			
...provienen de un trasfondo difícil?			
...todavía no conocen a Jesús?			
...viven con ambos padres biológicos en el hogar?			
...no tienen mucho dinero?			
...son muy tímidos?			
...tienen necesidades especiales?			
... son objeto de burla?			

Nos gustan los amigos que son similares a nosotras porque los entendemos y sabemos cómo comportarnos con ellos. Nos hacen sentir seguras. "Similares" significa que no nos destacamos ni nos sentimos incómodas. Son personas con quienes es fácil encontrar temas de conversación y cosas en común. En cambio, cuando solo nos rodeamos de "similares" y les dedicamos más tiempo, atención y servicio, en realidad estamos eligiendo favoritos.

El factor del favoritismo

Esta práctica de elegir favoritos y tratarlos mejor se llama favoritismo, y es lo contrario de lo que hacen las personas humildes.

- **Lee el versículo de hoy. ¿Qué te enseña sobre el favoritismo?**

Cuando Santiago escribió su carta, no lo hizo en inglés. Escribió en otro idioma (griego) en otra época (40 d.C.). En esa época, se acostumbraba a inclinar la cabeza cuando se saludaba a alguien. Si la otra persona te aceptaba, entonces podías levantar la cabeza.

Imagina a un sirviente que se inclina ante un rey. El sirviente no se atrevería a mirar al rey tanto por temor como por respeto hasta que el rey no solo reconociera su presencia, sino que lo autorizaba a acercarse y hablar.

Santiago estaba diciendo: "Actúas como si fueras el rey que mira desde su trono y decide si esa persona merece ser tratada con respeto o no". Estaba diciendo que esa actitud no es la que Dios quiere.

Favoritismo es "juzgar por las apariencias y sobre esa base dar favor y respeto especial". El favoritismo tiene lugar cuando juzgamos "puramente sobre un nivel superficial, sin considerar los verdaderos méritos, habilidades o el carácter de una persona"[1]

- **Vuelve atrás y subraya todo lo que te llame la atención de la parte anterior sobre Santiago.**

■ ¿Qué palabras o frases te llaman más la atención y por qué?

■ ¿Te viene a la mente alguien a quien deberías tratar mejor? ¿Alguien a quien podrías ayudar a ver que es una persona valiosa en Cristo?

■ ¿De qué maneras podrías vaciarte de ti misma y honrar a otra persona?

A veces, sin darnos cuenta, nos comparamos con los demás y los consideramos indignos de levantar la cabeza. En cambio, Dios creó a cada ser humano con un valor inimaginable. Jesús pensó en esa persona a la que tú ni miras y la consideró merecedora de morir por ella. ¿Tratarás a cada persona que conozcas como alguien que merece tu tiempo y tu atención?

Jesús:
Te pido perdón por todas las veces que he actuado como el rey y he tenido favoritos entre mis amigos y las personas que conozco. Tú eres el único Rey bueno. Ayúdame a aprender a ver a los demás como tú los ves.
Amén.

Día 24

HACERTE PEQUEÑA

Así que el que se vuelva tan humilde como este pequeño
es el más importante en el reino del cielo.
Mateo 18:4

Martín tiene la misma edad que mi hijo Cade (de Shannon). Cuando tenían unos tres años, la madre de Martín oyó hablar a Cade mientras jugaban juntos en nuestra mesa del tren. Cade no paraba de hablar (como hacía a menudo) y daba muchos detalles sobre cada tren que pasaba, lo que hacía y lo que pensaba. Entonces se detuvo, miró a Martín y le dijo: "¿Quieres hablar ahora, Martín?". Esperó, pero Martín no dijo nada. Solo saltaba emocionado, feliz de estar con su amigo. Así que Cade dijo: "Pues bien, Martín, entonces hablo yo".

La madre de Martín se sintió tan bendecida por esa respuesta que todavía habla de ello quince años después. Martín es autista y todavía no podía hablar. Esa pequeña interacción le dio la esperanza de que Martín también podía disfrutar de las amistades, especialmente con un niño como Cade, que estaba feliz de compensar las palabras que Martín no pronunciaba.

En la lectura de ayer, hablamos de hacer amistades con personas que no son como tú y de no menospreciar a los demás como si tú fueras de la realeza. Los humildes no tratan a los demás como si no dieran la talla. No obstante, hoy vamos a hablar de otro aspecto de la humildad: vernos a *nosotras mismas* como pequeñas.

Verme como una niña pequeña

Jesús solía utilizar lecciones objetivas con las que la gente pudiera identificarse. Antes hemos hablado de la discusión de los discípulos sobre quién era el más importante, y de cómo Jesús se inclinó y tomó un niño en sus brazos para mostrarles cómo es la grandeza. Luego, Jesús amplió la lección diciendo que sus discípulos debían ser *como* el niño que tenía en brazos: "Les digo la verdad, a menos que se aparten de sus pecados y *se vuelvan como niños*, nunca entrarán en el reino del cielo. Así que el que se vuelva tan humilde *como este pequeño* es el más importante en el reino del cielo" (Mateo 18:3-4).

De manera que en una sala llena de adultos que trataban de demostrar que son grandes, Jesús señaló a un niño y le dijo: Deben ser "como este pequeño". ¿Estaba diciendo Jesús que debíamos volver a comer puré de zanahorias o dormir la siesta? No, estaba hablando de cómo nos vemos a nosotras mismas.

Cuando mis hijos (los de Shannon) eran pequeños, usaba una puerta para bebés para que no se escaparan de la cocina. Cuando mi marido llegaba del trabajo, corrían hacia la puerta y se acercaban a él. No intentaban pasar por encima de la puerta ni buscar la forma de atravesarla. Solo miraban a su papá al otro lado y levantaban los brazos.

Así es como entramos en el cielo (el reino de Dios). Ninguna de nosotras entra por la puerta de Dios por ganar una discusión con los demás. Todas somos como niñas pequeñas que necesitan levantar sus brazos a Dios, pues sabemos que no hay nada más que podamos hacer. Y Dios nos recibe en su reino. Somos adoptadas por un Padre bondadoso que se inclina y nos levanta.

¿Ves lo ridículo que sería que todos los hijos adoptivos de Dios empezaran a pelearse y a tener discusiones sobre quién es el más importante? A eso quería llegar Jesús. Quería que sus discípulos (y nosotras) fuéramos humildes y nos viéramos como niñas pequeñas que necesitamos que Dios nos levante.

Hacerte pequeña

Muchas veces hablamos de "ser humillado" como algo que nos sucede. No obstante, hay una gran diferencia entre ser humillada contra nuestra voluntad y elegir voluntariamente actuar con humildad.

La humildad es la elección de vernos pequeñas. Es el yo que se hace "pequeño",[2] pero para dejarlo claro, no es el menosprecio del yo. Humillar es rebajar a alguien y hacerlo sentir pequeño, y a veces podemos hacernos eso a nosotras mismas. Podemos decir: "No sirvo para nada. Mejor ni lo intento". En cambio, la persona humilde no actúa como si *no* tuviera habilidades, talentos o ningún valor. No finge que su taza medidora está vacía. No es así como Jesús se humilló a sí mismo.

Jesús nunca negó que era el Hijo de Dios ni que tenía autoridad y poder. No negó su grandeza ni su dignidad, pero sí se hizo pequeño. Cuando Jesús exhortó a los discípulos a humillarse y hacerse pequeños como el niño que tenía en su regazo, podría haber añadido: "Como lo hice yo".

Me encantan los bebés, pero no me imagino convertida en uno. Sin embargo, esto es lo que Jesús (el ser más grandioso de todo el universo) eligió voluntariamente. Es un Rey que eligió dejar la gloria del cielo, rodeado de la adoración de los ángeles, para hacerse tan pequeño como el diminuto tamaño de un embrión. Un Rey que fue llevado en las entrañas de su madre adolescente y aprendió carpintería de su padre adoptivo.

Amiga, Jesús es brillante. Es el maestro de la física, la química y las matemáticas. No hay nada que necesite aprender. Ninguna investigación probará jamás algo que Él no sepa ya. Ningún descubrimiento le parecerá innovador a Jesús, ¡porque lo tenía todo en mente cuando creó el universo!

Antes que el Rey Jesús invitara a alguien a su reino revolucionario, Él mismo *encarnó* su mensaje revolucionario. Se despojó de su estatus y se hizo pequeño sirviendo a los demás en lugar de exigir ser servido. Jesús llegó incluso a humillarse y morir en la cruz, el acto de humildad más extraordinario que el mundo haya conocido jamás.

> Se humilló a sí mismo en obediencia a Dios
> y murió en una cruz...
>
> Por lo tanto, Dios lo elevó al lugar de máximo honor
> y le dio el nombre que está por encima de todos los demás nombres.
> (Filipenses 2:8-9)

■ **¿Qué hizo Dios *debido a que* Jesús se humilló?**

- **¿Qué puedes hacer para actuar con humildad?**

Nuestro Dios ama la humildad. Cuando Jesús advirtió a sus discípulos que dejaran de buscar el estatus de "discípulo más importante" y buscaran la humildad, lo hizo por amor: quería que ellos gozaran del favor de Dios y la multiplicación de las bendiciones del cielo.

Cuando Jesús se encogió para entrar en el vientre de María, se despojó de su estatus, pero no de su grandeza. Y su humildad no hizo sino más que magnificar su grandeza. Esto puede ser cierto para ti y para mí. Dios no nos pide que vayamos a la cruz por los pecados del mundo, ¡menos mal que Jesús ya lo hizo!, pero sí nos invita a servir y atender a los demás.

Me vuelvo más grande y más honorable solo en la medida en que me convierto en la persona más pequeña dondequiera que estoy.

Jesús:
No puedo creer que te hicieras tan pequeño por nosotros. Ayúdame a ser una humilde servidora y amiga de aquellos que me rodean, especialmente de los que más lo necesitan. Quiero estar atenta a las personas que me rodean y ver cómo puedo servirles bien.
Amén.

Día 25

GRANDES LÍDERES

No sean egoístas; no traten de impresionar a nadie. Sean humildes, es decir, considerando a los demás como mejores que ustedes. No se ocupen solo de sus propios intereses, sino también procuren interesarse en los demás.
Filipenses 2:3-4

La pregunta del escrito decía: "¿Qué significa para ti el liderazgo?".

Laura miró la pregunta y se preguntó qué buscarían en las respuestas los profesores que debían elegir a los delegados de la clase. ¿Pensaban que los líderes eran los que siempre iban al frente, audaces y seguros de sí mismos? ¿Los que tenían grandes ideas y asumían la responsabilidad de inmediato? ¿Buscaban a alguien popular, a quien todos admiraran? ¿Un creador de tendencias? ¿O sería una estudiante a la que sus padres le habían enseñado la verdad? Siempre le habían dicho: "Laura, los líderes son los que sirven a otros. Los que ayudan a los débiles y defienden a los que no pueden valerse por sí mismos. Los líderes trabajan duro y sirven más que los demás".

Laura oró en silencio y empezó a escribir. "Para mí, el liderazgo es...".

- ¿Cómo responderías esa pregunta? (No te preocupes: nadie revisará tu ortografía).

No lo entendían

Jesús se aseguró de que la respuesta a esta pregunta sobre el liderazgo quedara muy clara en la mente de sus discípulos. El liderazgo no consiste en que los demás te admiren, sino en servir a los demás. Pero ¿sabes qué? Seguían sin entenderlo.

Pedro, Santiago y Juan eran los que Jesús elegía a menudo para misiones especiales, como cuando subió a la montaña con ellos y les reveló su gloria. Y, de los tres, Pedro es el que más se menciona en los Evangelios. Fue el que lanzó la red y llenó la barca de peces, el que caminó sobre el agua y el que sacó monedas de la boca de un pez. Debía de ser un líder natural, lleno de carisma, el tipo de persona a la que a la gente le gustaba seguir.

Después de la resurrección de Jesús, Pedro se convirtió en un gran líder, lleno de valor, sabiduría y fuerza, pero también tenía la mala costumbre de hacer y decir cosas impertinentes. Una vez, Pedro apartó a Jesús para confrontarlo, pero Jesús le dijo: "¡Aléjate de mí, Satanás!" (Mateo 16:23). ¡Imagina que Jesús te llame "Satanás"! No es nada bueno.

Nadie se recupera rápidamente de errores garrafales como ese, de modo que cuando Jesús mencionó que sus discípulos ocuparían doce tronos en su reino (Mateo 19:28), Santiago y Juan llegaron a la rápida conclusión de que Pedro había perdido los dos mejores asientos: los que estaban a ambos lados del glorioso trono de Jesús. Quedaban, pues, *ellos* dos. Era obvio. No obstante, para evitar sorpresas, enviaron a su madre para cerrar el trato.

Ahora bien, tienes que entender lo terriblemente oportuno que fue eso. Jesús acababa de señalarles Jerusalén a lo lejos y les había dicho a sus discípulos: "Cuando lleguemos allí, me van a matar" (Mateo 20:17-29, parafraseado). Y entonces apareció la madre de Santiago y Juan (que al parecer viajaba con ellos), y le preguntó: "Oye Jesús, ¿puedes asignar esos tronos de la derecha y de la izquierda a mis dos hijos?".

¡¿Qué?!

Entonces, aquí está la parte aún más chocante. En lugar de indignarse porque era una ofensa para Jesús, los otros discípulos se indignaron porque era una ofensa para ellos mismos. Estaban furiosos porque Santiago y Juan estaban tratando de reclamar los mejores asientos (Mateo 20:24).

Santiago y Juan actuaban como si fueran mejores que los demás, ¿no es cierto?

Estaban dispuestos a abrirse paso a codazos hasta el escalón más alto del podio, sin importar a quién tuvieran que empujar hacia abajo. Así es como suele funcionar la popularidad o el estatus. Y luego los que fueron pisoteados se indignaron porque también querían reclamar los mejores tronos.

Suponemos que Pedro fue el que más se indignó. *¿Quién se creen que son? ¿Dónde esperan que me siente... a sus pies?*

> **Citas sobre el liderazgo**
>
> "El liderazgo y el aprendizaje son indispensables el uno para el otro".
>
> —John F. Kennedy[3]
>
> "Quien nunca ha aprendido a obedecer no puede ser un buen comandante".
>
> —Aristóteles[4]
>
> "Los líderes débiles esperan ser servidos; los líderes fuertes sirven a otros".
>
> —Desconocido

■ **¿Qué cita de las anteriores tiene más sentido para ti o te llama más la atención? ¿Por qué?**

■ **Considera la posibilidad de hacer un meme con el versículo de las Escrituras de hoy o con una de estas citas.**

Entre ustedes será diferente

Solemos pensar en el liderazgo como un escenario con personas que te admiran. Y esto es lo que queremos que sepas. Un día, Jesús ocupará el lugar más alto a cargo del mundo entero, pero Jesús no llegó a su posición dando codazos y empujando a otros hacia abajo, sino que hizo exactamente lo contrario. Se rebajó.

El día que Santiago y Juan intentaron hacerse con los dos mejores asientos, Jesús convocó una improvisada reunión de discípulos en el camino a Jerusalén (Mateo 20:25). Sin duda, cuando estos hombres adultos se acercaron, hubo una división obvia: Santiago y Juan a un lado de la fila, y los otros diez enardecidos al otro lado echando humo por las narices.

Casi esperaría que Jesús dijera: "Ustedes *doce:* Digo una palabra sobre tronos y se pelean por quién se sentará dónde". Sin embargo, Jesús demostró una dulzura extraordinaria. No regañó a nadie. No vociferó órdenes sobre cómo tenían que cambiar las cosas entre ellos. En cambio, el Maestro de los momentos de enseñanza aprovechó esta oportunidad para darles otra lección. Jesús les dio el ejemplo de un líder del reino que atrae e incluye a todos, en lugar de excluir a alguno.

"Ustedes saben que los gobernantes de este mundo tratan a su pueblo con prepotencia y los funcionarios hacen alarde de su autoridad frente a los súbditos", comenzó diciendo Jesús (Mateo 20:25). Sí, conocían el estilo de liderazgo romano. Sus ciudades ocupadas por los romanos estaban llenas de soldados, guardias, espadas y cruces. Roma imponía su poderío y aplastaba a cualquiera que se interponía en su camino. Los judíos despreciaban a estos soldados romanos, y Jesús estaba usando a esos soldados arrogantes, dominantes y buscadores de estatus como un punto de contraste.

"Pero entre ustedes será diferente", dijo (Mateo 20:26).

Me imagino a Jesús hablando con énfasis en cada palabra.

"Entre ustedes será diferente".

Un líder no centrado en sí mismo

Luego, Jesús les explica cómo es el liderazgo en su reino: "El que quiera ser líder entre ustedes deberá ser sirviente, y el que quiera ser el primero entre ustedes deberá convertirse en esclavo" (Mateo 20:26-27).

Observa que Jesús no les dijo que dejaran de intentar ser los primeros, sino que solo redefinió el concepto de grandeza. Los importantes son los que sirven a otros. Este es el propio estilo de liderazgo de Jesús, tal como Él mismo lo señaló: "Pues ni aun el Hijo del Hombre vino para que le sirvan, sino para servir a otros" (Mateo 20:28).

En el reino de Jesús, los importantes no miran con menosprecio a los demás. Miran a los ojos de los demás y se interesan por ellos. Algunos están en posiciones altas y otros en posiciones bajas, pero todos cumplen su papel de siervos. Los que son importantes en el reino no se dan cuenta de lo mucho que hay en su taza medidora porque están demasiado ocupados en servir a los demás. No empujan a las personas para abrirse paso entre ellas ni aplastan a nadie. Se inclinan para servir.

- **¿Alguna vez has tenido un líder con corazón de siervo? ¿Conoces a alguien que podría tener un lugar importante, pero que sirve a los demás?**

¿Es fácil seguir a ese líder? ¿Por qué sí o por qué no?

Cuando una discípula con corazón de sierva pone a los demás primero, esto marca una gran diferencia. No tiene que ser una líder oficial. Puede ser cualquier líder. La grandeza está disponible para todos en el reino. Cuando esa persona rompe la tendencia natural a centrarse en sí misma con una actitud de humildad despojada de sí misma, el grupo lo percibe. Inspira confianza. Las divisiones desaparecen y comienza a formarse un círculo de unidad.

¿Serás esa clase de líder?

Amado Jesús:
Quiero ser una líder como tú. Si me pones en una función de liderazgo, quiero aprovecharla para servirte y ayudar a los demás. Enséñame cómo.
Amén.

Capítulo 6

COMPARAR LAS POSESIONES

Lee: Confieso que hoy en la iglesia codicié las cosas de otra persona tres veces.

1. Estacionamos al lado de un auto nuevo. Te juro que brillaba como el sol.

2. La señora que estaba delante de mí tenía el reloj nuevo de Apple. Me quedé mirándolo cuando abrazó a su hijo en la iglesia. Tenía la correa de reloj más bonita que he visto en mi vida.

3. Los zapatos. Cada vez que me miraba los zapatos durante el sermón, los veía desgastados.

¡La comparación ni siquiera se detiene cuando voy a la IGLESIA! ja ja.

Pero hice un alto y di gracias a Dios por mi Biblia. Ya no es nueva, pero estoy muy contenta de tener una.

Shannon: Confieso que yo también me estuve comparando en la iglesia hoy. Miré el vestido morado de otra mujer y me pregunté por qué se lo había puesto. En serio. Nadie lleva vestidos así. Especialmente no de ese color.

Pero después me avergoncé de haber pensado eso. Y sentí vergüenza de las veces que me cambié de ropa delante del espejo para conseguir la apariencia adecuada. Me asusta que alguien me pueda mirar como yo miraba a la "mujer del vestido morado".

Creo que mi comparación (comparar con aires de superioridad) es incluso más fea que la tuya. (¡Espera! ¿Eso es comparar? ja ja).

Estoy agradecida de que encontramos la verdad en la Palabra de Dios. La verdad sobre nosotras mismas y los demás.

¿VERSÍCULO BÍBLICO O PERSONAJE FAMOSO? HABLEMOS DEL DINERO

MUCHOS DICEN COSAS SABIAS sobre el dinero, incluso Jesús. Pero, al empezar este capítulo sobre la comparación de las riquezas y las posesiones, necesitas saber que Jesús no habla del dinero como lo hace el resto del mundo.

A ver si eres capaz de decir si cada una de estas citas está en la Biblia o la dijo una persona famosa. (Consulta la clave de las respuestas en las notas[1]).

	En la Biblia	Persona famosa
1. Quien ahorra, poco a poco se enriquece.		
2. Donde esté su tesoro, allí estarán también los deseos de su corazón.		
3. El dinero y el éxito no cambian a las personas, solo magnifican lo que ya existe.		
4. Solo el dinero es más dulce que la miel.		
5. Dales a los que te pidan y no des la espalda a quienes te pidan prestado.		
6. Las verdaderas riquezas son las que poseemos en nuestro interior.		
7. Los que aman el dinero nunca tendrán suficiente.		
8. No prestes ni pidas prestado.		

¿Qué tal te fue? ¿Fuiste capaz de distinguir la voz de Dios entre la multitud? Al final de este capítulo, esperamos que te resulte bastante fácil hacerlo. ¿Lo más difícil? Vivir lo que Jesús dijo que es verdad.

Día 26

PUEDO PAGARLO

No se puede servir a Dios y estar esclavizado al dinero.

Mateo 6:24

Mi hija Lexie Beth y yo (Lee) tuvimos una oportunidad única en la vida de hacer un viaje misionero a Atenas, para colaborar con un grupo que rescata a mujeres del tráfico sexual. Al día siguiente de llegar, hicimos un poco de turismo y visitamos un museo que tenía una sala llena de estatuas de mujeres jóvenes.

Nuestro guía nos explicó que las familias mandaban hacer estas estatuas cuando sus hijas alcanzaban la "mayoría de edad" y estaban listas para casarse. Se contrataba a un escultor para que cincelara la imagen de la hija en la estatua, como anuncio público de que la joven ya podía tener pretendientes. Cuanto más dinero tuviera la familia, explicaba nuestro guía, más grande y hermosa sería la estatua.

Mientras Lex y yo mirábamos las estatuas, le guiñé un ojo y le susurré en broma: "Supongo que ya casi es hora de encargar tu estatua".

Ella me devolvió la mirada y me dijo: "Sí, pero mi estatua mediría solo un palmo porque nuestra familia está arruinada".

Me eché a reír. Tenía razón.

Ricos y pobres, todos comparan su estatua

Si aún existieran las estatuas, la de nuestra hija sería más pequeña que algunas. Y conozco a chicas de su colegio que las tendrían mucho más grandes. Vienen de familias que adquieren constantemente cosas nuevas: teléfonos, ropa, autos etc. Sus casas son preciosas. Las fotos de sus vacaciones son espectaculares. ¡Dios mío, *ellos* son espectaculares! Sus posesiones son estupendas.

Nuestra familia ha tomado decisiones diferentes, y eso afecta a nuestros hijos. Mi esposo Mike y yo hemos tenido muchas oportunidades de ganar más dinero y las hemos rechazado. Hemos aceptado trabajos que pagan menos para poder estar más tiempo juntos. Hemos optado por compartir con los demás, incluso cuando eso hacía que nuestra familia pasara apuros. Y hemos optado por elegir la vida que creemos que Dios ha diseñado para nosotros. Para nuestra familia, todo eso significa que nuestros hijos nos han oído decir:

- "No está a nuestro alcance en este momento".
- "Vamos a tratar de arreglarlo, en lugar de comprar uno nuevo".
- "Tal vez podríamos pedir uno prestado".
- "Eso no entra en nuestro presupuesto".
- "Para poder pagarlo quizá tengamos que vender nuestro _____".
- "Lo siento, pero no pueden hacerlo. No podemos pagarlo".
- "Estamos ahorrando para _____".
- "Tal vez podamos encontrar uno usado".
- "Vas a tener que pagar por eso".

▪ **¿Qué cosas de este tipo suelen decir tus padres? ¿Cómo te hacen sentir?**

Lo que dijo Lexie sobre su estatua en aquel museo era cierto, pero también era cierto que estábamos en Grecia. Estábamos haciendo un viaje que la mayoría de la gente solo podría soñar con hacer. Claro, habíamos recaudado fondos para hacer el viaje e íbamos con cuidado para no gastar dinero de más, pero comparada con muchas otras, la estatua de Lexie Beth sería bastante alta y elaborada.

Todo es cuestión de perspectiva, ¿verdad? Si solo nos comparamos con los ricos, nuestras estatuas parecerán pequeñas, pero si nos comparamos con personas de todo el mundo, tenemos de sobra. Más que suficiente.

Joven y rico, en busca de respuestas

Quinientos años después que empezaran a colocar esas estatuas de "novia disponible" alrededor de la Acrópolis, Jesús recorría los caminos a poca distancia, en Israel. Un día, un hombre se le acercó corriendo justo antes que saliera de la ciudad. Era un hombre rico, *muy* rico. Y, en aquel entonces, los ricos no corrían, pero aquí estaba este hombre rico, de rodillas a los pies de Jesús y haciendo una pregunta muy importante.

> Maestro bueno, ¿qué debo hacer para heredar la vida eterna? (Marcos 10:17).

Detengámonos un momento y prestemos atención, porque esto casi nunca ocurre. Los ricos tienden a pensar en sus cosas, no en lo que pasará después de la muerte. A veces es más difícil que los que poseen mucho dinero vean que necesitan a Jesús, porque tienen un banco lleno de dinero para resolver sus problemas. Así que cuando este hombre vino corriendo a Jesús y le preguntó por la vida eterna, ¡dio en la clave! No hay nada más importante que dónde pasarás la eternidad, ¿no es cierto?

La Biblia señala que Jesús miró al joven rico con profundo amor. Me encanta esa parte. A veces, cuando alguien tiene dinero se cuestiona constantemente si los demás lo aman o *solo* aman su dinero. Todos hemos visto películas donde alguien rico tiene un amigo que solo lo usa por su dinero, pero Jesús no se mueve de esa manera. Jesús ama a esa persona, sin ninguna motivación equivocada. ¡Jesús quería que ese hombre tuviera *exactamente* lo que pidió, no dinero, sino la vida eterna! Será muy importante recordar eso porque lo que Jesús dijo a continuación no suena muy amoroso.

> Jesús miró al hombre y sintió profundo amor por él.
> —Hay una cosa que todavía no has hecho —le dijo—. Anda y vende todas tus posesiones y entrega el dinero a los pobres, y tendrás tesoro en el cielo. Después ven y sígueme (Marcos 10:21).

Primero, aclaremos lo que Jesús no estaba diciendo y así no nos distraeremos:

1. No estaba diciendo que para tener vida eterna hay que hacer algo.
El joven rico quería hacer algo, pero sabemos que no se puede hacer nada para ir al cielo. Es un regalo de Dios cuando crees (tienes fe) en Jesús.

Dios los salvó por su gracia cuando creyeron. Ustedes no tienen nin-gún mérito en eso; es un regalo de Dios. La salvación no es un premio por las cosas buenas que hayamos hecho, así que ninguno de nosotros puede jactarse de ser salvo (Efesios 2:8-9).

■ **Según este pasaje de las Escrituras, ¿qué puedes *hacer* para ser salva?**

Solo cree por fe que Jesús es el Salvador que murió por ti. Entonces, al igual que los discípulos, ¡Él quiere que lo sigas!

2. No estaba diciendo que todos tienen que vender todo para seguirlo.

Jesús tiene muchas clases de seguidores. Muchos ricos apoyan ministerios de personas que predican de Jesús por todo el mundo. Este fue el mandato *perso-nal* para el hombre rico. Para *este* hombre, vender todo era lo que Jesús le dijo que debía hacer. La riqueza se interponía en el camino de la fe de este hombre, y Jesús quería ayudarlo.

Ahora, hablemos de lo que Jesús *sí* dijo. Jesús le dijo a este hombre que vendiera todo.

Todo. ¿En serio?

Sí. Jesús le pidió que vendiera:

- Su casa
- Sus tierras
- Sus negocios
- Todas... sus... cosas

¿Te imaginas?

Jesús le dijo: "Vende todo. Entrega tu dinero a los pobres. Luego ven a mí con una mochila y una botella de agua. Saldremos desde aquí".

- **Amiga, ¿qué cosas detestarías vender o dejar?**

Ser fiel, seguirlo y dejar todo

Te darás cuenta de que justo antes que Jesús le dijera al joven rico que lo dejara todo, también le dijo que le faltaba algo.

Mientras que todo el mundo podría haber mirado al joven rico y pensar que lo tenía *todo*, Jesús vio lo que él no tenía: la fe para dejar de tener que dar la talla. Este hombre no tenía el control sobre sus posesiones, sino que sus posesiones tenían el control sobre él. El deseo de tener más dinero, el amor por las posesiones y los placeres que el dinero podía comprar estaban ahogando su fe. Amaba el dinero. Amaba *su* dinero.

Jesús miró a aquel rico con profundo amor y le dijo: "¿Quieres ir al cielo? Primero, despréndete de las cosas terrenales que no importan, luego ven y sígueme".

En los próximos días veremos que nuestra forma de interactuar con el dinero puede ser un poco difícil. La buena noticia es que vale la pena trabajar para reformar nuestros pensamientos sobre la riqueza.

Jesús no solo está interesado en darnos vida eterna en el reino. Él quiere convertirnos en personas del reino: chicas que no necesiten ser conocidas como ricas, sino como seguidoras de Jesús. Él nos está formando como personas cuya prioridad no es querer ser ricas, sino seguir a Jesús por sobre todas las cosas.

> *Jesús:*
> *Realmente quiero seguirte a donde me lleves. Muéstrame dónde me tiene atrapada el dinero y enséñame a pensar como tú.*
> *Amén.*

Día 27

IDENTIDAD DE MARCA RECONOCIDA

Los que aman el dinero nunca tendrán suficiente.
ECLESIASTÉS 5:10

¿QUÉ TIENEN ESAS PEQUEÑAS ETIQUETAS con el nombre de la marca cosidas en la parte trasera de nuestra ropa que hacen que algunas prendas sean más deseables que otras? ¿Cuándo empezó todo esto? Desde las zapatillas deportivas con logotipos reconocidos, pasando por las gafas de sol de marca, hasta la marca y el modelo del auto que conducimos, la marca importa.

¿Sabías que las empresas planifican sus marcas? Así es. En los anuncios comerciales se usan cierta combinación de colores o se escucha una determinada música de fondo, porque quieren que sientas algo por su producto.

- **Veamos cómo funciona. Te damos una categoría y tú escribes la empresa o producto que te venga a la cabeza.**

Auto caro _____

Auto barato _____

Marca de zapatos más reconocida _____

Mejor café _____

Ropa cara _____

Lugar donde compran los pobres _____

Lugar donde compran los ricos _____

Mejor teléfono _____

Comida rápida barata _____

Mejor marca deportiva _____

En este momento, mientras Shannon y yo escribimos este libro, hay una marca de ropa atlética que está de moda. Mujeres de todo el país pagan una fortuna por prendas que llevan una etiqueta del tamaño de una moneda pequeña. ¿Por qué pagan tanto por esas prendas? Bueno, tal vez *sean* más suaves. Quizá queden muy bien al cuerpo. Pero ayer mismo oímos a una niña pedir un par de pantalones de esta marca porque eran los pantalones caros de moda. Los chicos populares los usan, ¡y eso significa que tu familia tiene dinero!

Puede que nunca lo admitamos en voz alta, pero a la mayoría de nosotras nos importa. Queremos que nos admiren. Desde dónde compramos nuestras cosas hasta la cantidad de dinero que la gente cree que tenemos, todas tomamos decisiones sobre cómo queremos que nos vean en el mundo.

Una nueva identidad

El hombre rico de nuestra última lección había venido a Jesús a buscar beneficios eternos, no una nueva identidad y trayectoria para su vida. Así que cuando Jesús le dijo que repartiera todo su dinero, eso fue un problema. Durante toda su vida, había sido conocido como el niño rico. Era rico, y todo el mundo intentaba estar a *su* altura. Lo que el joven rico *poseía* era lo que él pensaba que *era*, y Jesús le estaba pidiendo que se desprendiera de la parte "rica" de su identidad. Deshacerse de sus posesiones y de las cosas de marca de su vida era solo el principio. Jesús le pidió que pusiera su etiqueta de "joven rico" sobre la mesa y la cambiara por una que dijera simplemente "joven, seguidor de Jesús".

Como una chica obsesionada con las comparaciones, ¿quieres que los demás sepan que tienes dinero? ¿Publicas fotos de tus vacaciones o mencionas la etiqueta que lleva tu ropa? ¿Compras ropa en exceso para no usar siempre la misma ropa? ¿O compras prendas de marcas reconocidas y pagas más solo porque son prendas "de moda" o prestigio?

O quizá para ti sea lo contrario. ¿Tratas de ocultar tus compras en tiendas de segunda mano o le pides a tu madre que estacione el auto de tal manera que no se vea la parte oxidada? ¿Tal vez tratas de ocultar que toda tu familia tiene que ir caminando a todas partes porque no pueden pagar un auto? ¿O prefieres encontrarte con las personas lejos de tu casa para que nadie sepa dónde vives?

De todas las etiquetas con las que nos medimos, y que Jesús nos pide que pongamos sobre la mesa, nuestra situación económica puede ser la más difícil de quitar. Pero, al igual que con el hombre rico, Jesús quiere darnos más en el cielo *después* y una nueva y hermosa identidad *ahora*. Quiere que dejemos de lado nuestra imagen y etiquetas de "niña rica" o "niña pobre". Si tratamos de seguir a Jesús arrastrando nuestra superioridad o inferioridad basada en el dinero, aún estamos viviendo en el cautiverio del yo. Al igual que el joven rico, Jesús quiere que nuestra identidad sea mucho más profunda que nuestras etiquetas de marca y lo que estas representan. Quiere que conozcamos la alegría de ser como Él, y que seamos conocidas por amar a Dios y al prójimo.

Convertirse en un seguidor de Jesús implica pasar de la tiranía del yo (el egocentrismo) a la libertad del yo. Sí, se trata de un proceso gradual que puede tomar mucho tiempo, pero si ni siquiera estamos preparadas para *comenzar* el proceso, probablemente no estemos preparadas para *convertirnos* en seguidoras de Jesús. Creo que esa es la razón por la que primero Jesús mandó al hombre rico a dar y luego a seguirlo, y no al revés. Dar no nos hace seguidores de Jesús, pero los seguidores dan porque eso es lo que somos.

La utilidad de las riquezas

Jesús dijo al joven: "Hay una cosa que todavía no has hecho... Anda y vende todas tus posesiones y entrega el dinero a los pobres" (Marcos 10:21). ¿Qué le faltaba? No solo le faltaba una perspectiva correcta de su dinero, sino experimentar la *escasez*. Es difícil sentir empatía con los necesitados cuando tu propia vida es inmune a la necesidad.

- ¿Conoces a alguien que perciba la necesidad a su alrededor? ¿Qué hace cuando ve una necesidad?

■ **¿Cómo actúas ante la necesidad de los demás? Menciona alguna ocasión en que hayas ayudado a alguien y cómo te sentiste.**

Jesús no mandó al hombre que prendiera fuego a su dinero ni que lo arrojara por un barranco. Le dijo que vendiera sus posesiones y repartiera el dinero entre los pobres. Este hombre tenía una cuenta bancaria abultada, pero sus vecinos tenían su ropero, bolsillos y estómagos vacíos. Jesús quería que *viera* eso. Que comparara, no con los ojos puestos en las líneas de la taza medidora, sino más bien con la mirada puesta en la boca de la taza por donde se derrama. ¡Piensa en lo mucho que este hombre rico podía ayudar! ¡Imagina cuántas necesidades podía suplir!

El dinero no es malo. La riqueza puede usarse para hacer mucho bien, y Dios espera que disfrutemos de las cosas que Él nos proporciona en abundancia (1 Timoteo 6:17). Eso significa que no tienes que sentirte culpable cuando ahorras para comprarte algo bonito. Disfrútalo y da gracias a Dios por ese regalo. Nuestro objetivo no es deshacernos ciegamente del dinero para poder ser pobres, sino deshacernos de toda *superioridad* que nos impida ver y servir a los pobres.

El hombre rico fue una excepción a la regla. Jesús no pidió a *todos* que dieran *todo* a los pobres. Si lo hiciera, los ricos y los pobres no estarían más que intercambiando roles, ¿no es cierto? Sin embargo, esta verdad es para cada una de nosotras. Tanto si tienes riquezas como si tienes poco para dar, la generosidad provoca una unidad sin límites, que es contagiosa y da mucha alegría.

El hombre rico experimentó lo contrario. Se alejó de Jesús cabizbajo y triste. Y el comentario final de Jesús fue este: "Pero muchos de los primeros serán últimos y los últimos serán primeros" (Mateo 19:30, NVI).

Jesús:
Tú me llamas a ser tu seguidora, no a que me conozcan por la cantidad de dinero que tengo. Esta es una identidad nueva que no puedo perder ni me la pueden quitar. Ayúdame a tener la prioridad de seguirte en cada área de mi vida.
Amén.

Día 28

DONDE ESTÉ TU TESORO...

Donde esté tu tesoro, allí estarán también los deseos de tu corazón.
MATEO 6:21

MI SOBRINO (de Lee), Brett, participó en un *reality show* llamado *Treasure Quest: Snake Island*. Brett es un chico aventurero y apuesto. Así que cuando sonó el teléfono y le preguntaron si quería ir a buscar un tesoro en la selva, como experto en supervivencia y entrenamiento de emergencia, ¡por supuesto, dijo que sí! Vi a Brett caminar por senderos peligrosos de la selva, navegar por territorios desconocidos y peligrosos, y luchar contra serpientes, arañas y cualquier otra cosa que hubiera en esa selva, todo para encontrar un tesoro escondido hace mucho tiempo.

En las Escrituras, Jesús contó dos historias breves sobre hombres que encontraron un verdadero tesoro. A diferencia de la aventura de Brett, que terminó con las manos vacías, estos hombres se sacaron el premio mayor.

El reino del cielo es como un tesoro escondido que un hombre descubrió en un campo. En medio de su entusiasmo, lo escondió nuevamente y vendió todas sus posesiones a fin de juntar el dinero suficiente para comprar el campo.

Además el reino del cielo es como un comerciante en busca de perlas de primera calidad. Cuando descubrió una perla de gran valor, vendió todas sus posesiones y la compró (Mateo 13:44-46).

■ **Subraya la frase "el reino del cielo es como" en ambos relatos.**

Jesús sabe que nos resulta difícil imaginar cómo será la vida en la eternidad. Si no podemos verlo con nuestros ojos, nos preguntamos si realmente existe y es valioso. Alerta de *spoiler*: ¡el reino de los cielos es infinitamente valioso!

- **¿Qué tres cosas hizo el primer hombre cuando encontró el tesoro en el campo?**

- **¿Qué emociones impulsaron su decisión según el versículo?**

- **¿Se demoró en actuar? ¿Por qué crees que se movió con tanta rapidez?**

- **¿Qué encontró el segundo hombre?**

- **¿Qué pasos dio cuando encontró la perla de gran valor?**

- **¿Qué parte de sus posesiones vendió para comprar la perla?**

- **¿Hubo alguna demora en sus acciones? Sí ____ No ____**

Buscadores de tesoros eternos

Es fascinante que Jesús contara estas dos historias justo antes que el joven rico fuera a verlo. Básicamente, Jesús estaba diciendo a sus seguidores: "Cuando me encontraron a mí, encontraron mi reino, que está lleno de alegría, deleite y riquezas más allá de lo que puedan imaginar. Si venden todo lo que poseen para afianzarse en el reino de Dios y seguirme, se habrán sacado el premio mayor. Lo que han encontrado en mí vale más que cualquier cosa que puedan poseer en este mundo. ¡Véndanlo, despréndanse de eso, despreocúpense! Síganme con alegría, ¡valdrá la pena!".

Lamentablemente, el joven rico fracasó en esta búsqueda del tesoro. Vino a Jesús con una actitud muy prometedora. Haría cualquier cosa por tener la vida eterna. Cualquier cosa. Sin embargo, cuando Jesús le pidió su riqueza, el joven bajó la cabeza y se marchó. Al verlo marcharse, Jesús dijo: "es más fácil que un camello pase por el ojo de una aguja que un rico entre en el reino de Dios" (Mateo 19:24).

¿Has oído alguna vez a alguien decir que ser rico te pone en desventaja? Eso es lo que Jesús estaba diciendo. Acababa de dar a este hombre la oportunidad de su vida: entrar en el cielo y ser rico para siempre, pero el hombre no podía hacer lo que Jesús le pedía. Tal vez si solo tuviera cinco pesos en sus bolsillos podría darlos, pero ¿cinco millones? Era demasiado. No podía darlo todo. Así que su gran riqueza puso a este hombre en una desventaja del tamaño de un camello, y como resultado perdió la riqueza eterna.

- ¿Qué elecciones hacen las chicas de tu edad que indican que no entienden el valor que se encuentra en Jesús y en su reino?

Repite esto en voz alta: La riqueza me pone en gran desventaja.

Si alguien te acaba de oír, me temo que se estará preguntando qué estás leyendo. Esta es una de las enseñanzas de Jesús más revolucionarias; especialmente para las chicas del mundo occidental dadas a las comparaciones. Sin embargo, si Jesús dijo: "¡Tengan cuidado con toda clase de avaricia! La vida no se mide por cuánto tienen" (Lucas 12:15) antes de la invención del papel moneda, imagino que diría lo mismo a un grupo de chicas modernas con tarjetas de crédito.

Administradoras, no propietarias

Tenemos que empezar a vernos como personas a las que se les ha confiado el dinero de Dios, como administradoras de ese dinero y no como propietarias. Salmos 24:1 dice: "la tierra es del SEÑOR y todo lo que hay en ella". Esto significa que no hay un solo billete en nuestras tazas medidoras que no sea propiedad de Dios, y Él nos pide dar en consecuencia. No es que Dios se oponga a la riqueza. A menudo nos bendice con abundancia, y le encanta nuestra gratitud y alegría por un par de zapatos nuevos o incluso por nuestro propio teléfono o auto. Sin embargo, Dios *sí se opone* a que nos aferremos a algo y lo escondamos, y le digamos que no se lo podemos dar o que no se lo daremos a causa de nuestra codicia o afán por dar la talla.

¿Te sientes parecida al joven rico, aferrada a tu taza medidora con miedo a que Dios pueda pedirte demasiado?

Muchos creen que hablar de dinero es un asunto privado, pero Jesús no se anduvo con rodeos al hablar de los peligros de aferrarnos a nuestras riquezas como si fueran nuestro tesoro. Observa lo que Jesús dijo sobre la relación directa entre nuestras posesiones y nuestros corazones.

No almacenes tesoros aquí en la tierra, donde las polillas se los comen y el óxido los destruye, y donde los ladrones entran y roban. Almacena tus tesoros en el cielo, donde las polillas y el óxido no pueden destruir, y los ladrones no entran a robar. Donde esté tu tesoro, allí estarán también los deseos de tu corazón (Mateo 6:19-21).

- **Vuelve a escribir Mateo 6:19-21 usando tus propias palabras.**

- **Si eres sincera, ¿qué cosas estás atesorando en tu vida en este momento? Rodea con un círculo todas las que correspondan a continuación.**

COMPARAR LAS POSESIONES

Teléfono   Biblia   Tener trabajo   Mi cuerpo   Tener un auto

Amistades   Diversión   Deportes   Mi familia   Grupo juvenil

Ropa de moda   Mis redes sociales   Jesús

¿Qué nos falta? _____

- Si nuestro corazón está donde está nuestro tesoro, ¿estás contenta con tu cercanía a Jesús? ¿Lo estás siguiendo "con todo tu corazón"?

Derrama tu taza con alegría

¿Te preocupa no ser capaz de desprenderte de tus posesiones si Jesús te lo pide? Si es así, Dios te dice amablemente: "Derrama tu taza, y yo la llenaré. Confía en mí. De todos modos, no es tuya. Todo lo que posees, te lo he dado como muestra de mi amor".

Dios no inclina nuestra taza por nosotras. Él nos prueba y espera. Sin embargo, cuando abrimos bien las manos y derramamos lo que nos pide, nos llena de un poder y gozo sobrenaturales.

Jesús:
Sé que tú eres mi mayor tesoro. Quiero seguirte con todo mi corazón. Ayúdame a desprenderme de mis cosas, en definitiva, todas te pertenecen. Te elijo a ti.
Amén.

Día 29

LA CHICA POBRE

Si ayudas al pobre, le prestas al Señor, ¡y él te lo pagará!
PROVERBIOS 19:17

MICAELA TENÍA DIEZ AÑOS cuando su padre abandonó a su familia. Nunca esperó que los dejara. Su abandono y el dolor que eso conllevó fueron solo el principio de las dificultades. Su madre estaba abatida y agotada, emocional y físicamente. Había sido ama de casa durante toda la vida.

Micaela no tardó en darse cuenta de la realidad de una familia de cinco miembros que vivía con pocos ingresos. Tuvieron que mudarse a un apartamento más asequible. Ahora duerme en una habitación con sus dos hermanas, cuida de sus hermanos mientras su madre y su hermano mayor trabajan para ganar dinero, y todo es demasiado costoso. Cosas como comer fuera, botines de fútbol, ropa nueva e incluso fotos del colegio, ya no son posibles.

Micaela no quiere que sus amigas sepan lo mal que está su familia económicamente. Es vergonzoso ser la chica pobre. La primera vez que recibió una comida gratis lloró en el baño. Sus amigas sueñan con su primer auto, pero Micaela tiene casi dieciséis años y aún no ha tramitado el carné de conducir. ¿Para qué molestarse? Hasta su madre toma el autobús porque la gasolina es muy cara.

- **Micaela siente que ha perdido muchas cosas, ya sea emocional, física, económica y relacionalmente. ¿Cuáles crees que pueden ser algunas de esas cosas?**

Tanto Lee como yo hemos presenciado estados de pobreza desgarradores. Hemos visto personas sin nada que comer durante días, literalmente. Ambas hemos visto personas que viven en chozas de una sola habitación sin nada más que una lona sobre sus cabezas. Hemos visto la verdadera pobreza material.

Es fácil centrarse en lo que le falta a nuestro prójimo en estas circunstancias: ropa, un techo seguro, agua potable y la seguridad de saber cómo conseguirán su próxima comida. A veces es tentador creer que Dios ha pasado por alto sus necesidades, pero nada podría estar más lejos de la verdad.

Dar con gracia

Dios está especialmente cerca de los que son pobres o tienen menos posesiones materiales, y está atento a ellos. Fíjate en el versículo de hoy.

- ¿Cómo espera Dios que tratemos a los pobres?

- ¿De qué tres maneras una chica de tu edad podría actuar así con los pobres?

1.

2.

3.

¿Has notado que Dios dice que recompensará a los que ayudan a los pobres? Esto implica que Dios no solo ve a los pobres, sino que también sabe quién es generoso y piensa premiar o reconocer a los que honran y aman a los que tienen menos, pero quiere ser *Él* quien premie. ¿Recuerdas al fariseo que presumía en el templo de todo lo bueno que había hecho? ¡Ese hombre es un mal ejemplo! Dios espera que seamos humildes y reservadas cuando damos y servimos a otros tal como nos enseñó Jesús:

> Cuando le des a alguien que pasa necesidad, no hagas lo que hacen los hipócritas que tocan la trompeta en las sinagogas y en las calles para llamar la atención a sus actos de caridad. Les digo la verdad, no recibirán otra recompensa más que esa. Pero tú, cuando le des a alguien que pasa necesidad, que no sepa tu mano izquierda lo que hace tu derecha. Entrega tu ayuda en privado, y tu Padre, quien todo lo ve, te recompensará (Mateo 6:2-4).

- **En el pasaje bíblico anterior, subraya la frase "cuando le des a alguien que pasa necesidad". Ahora rodea con un círculo la palabra *cuando*. El hecho de que diga "cuando" des, y no "si" das, significa que Jesús *espera* que lo hagas, ¿no es cierto?**

- **¿Qué nos pide *no* hacer cuando demos?**

- **¿Por qué crees que podríamos querer llamar la atención delante de otras personas? (Lee el versículo 2 para obtener una pista).**

- **¿Quién te verá y recompensará cuando des con la actitud correcta?**

Tus padres   La Sociedad Nacional de Honores   Amigos   Dios

Está bien acumular tesoros y recompensas en el cielo. Jesús mismo nos anima a hacerlo y nos exhorta: "Almacena tus tesoros en el cielo" (Mateo 6:20), y en el cielo nada podrá arrebatarnos ese tesoro. No sé tú, pero yo quiero tomarme muy en serio las cosas que Dios dice que recompensará porque la *eternidad* es para siempre.

Y no solo los ricos pueden acumular tesoros en el cielo. *Cualquier persona* puede ser generosa. Yo (Shannon) recuerdo estar en un viaje misionero a Ucrania cuando tenía poco más de veinte años, y una mujer, evidentemente pobre, me puso una manzana en la mano en la estación de tren. Nunca olvidaré su rostro amable y lleno de arrugas, iluminado por una amplia sonrisa. ¿Por qué alguien con tan poco me daría algo a mí, una extraña de otro país? Me quedé asombrada. Y creo que Jesús se alegró muchísimo.

Vivir con menos

¿Puedo (Lee) contarte algo más que es muy *personal*? He vivido tanto con más como con menos que otras personas. Sé que ambas experiencias tienen sus retos.

Crecí en una familia que tenía mucho dinero. No el tipo de dinero sobre el que se hacen programas de televisión, sino el tipo de hogar en el que podíamos ir a comer mucho fuera. Tenía mi propio teléfono, ropa nueva para cada ocasión e, incluso, mis padres me enviaron a una escuela de etiqueta y protocolo (fue divertido, por cierto). Nunca, jamás me preocupé de que mis padres pagaran las facturas ni los oí hablar de presupuestos.

Hoy no me sobra el dinero y vivo en una comunidad donde nadie se puede dar todos los lujos. Mi familia compra cosas nuevas y tenemos suficiente para comer, pero hablamos mucho de nuestro presupuesto, y nuestros hijos lo saben. A veces me da vergüenza tener menos. ¿Recuerdas la historia de Lexie Beth y yo en Grecia con las estatuas? Me reí cuando hablamos de que ella tenía una estatua pequeña, pero la verdad es que a veces me gustaría poder darme más lujos. Quisiera conducir un auto más bonito. Quisiera comprarles todas las cosas que mis hijos necesitan. Quisiera disfrutar de vacaciones de lujo.

Cuando tenía mucho dinero, era más fácil confiar en mí misma y en mis posesiones, que darme cuenta de que Dios suple todas nuestras necesidades. El dinero no podía comprar mi felicidad ni hacer que mi vida se sintiera plena. Mi necesidad era menos obvia, pero igual de grande. A medida que he vivido con menos, me he dado cuenta de que tengo un problema de contentamiento. De hecho, Dios me está enseñando mucho sobre el contentamiento incluso ahora.

Estar contenta significa estar satisfecha y agradecida por lo que Dios nos ha dado. Significa no anhelar o tener más o estar en mejor condición económica.

- En una escala del 1 (no estás contenta) al 10 (estás muy contenta), ¿dónde te encuentras la mayoría de los días? ¿Por qué?

Si eres como yo, estar contenta con lo que tengo requiere trabajo y dominio propio. A veces significa desconectarte de las redes sociales y de la comparación natural con la vida de los demás. Y siempre aumenta mi contentamiento cuando doy a otros que tienen menos. Eso me ayuda a recordar que en realidad tengo mucho. El contentamiento aumenta cuando practicamos la gratitud por las cosas que Dios nos ha dado.

- ¿Qué cosas podrías hacer para desarrollar más contentamiento?

"La verdadera sumisión a Dios es una gran riqueza en sí misma cuando uno está contento con lo que tiene" (1 Timoteo 6:6).

Cuando eres la chica pobre

Tal vez, mientras lees esto, tú y tu familia estén pasando verdaderos apuros económicos. Tal vez no tengas suficiente para comer o te hayan cortado la calefacción porque tu familia no puede pagar las facturas. Quizá ni siquiera tienes una casa y te estás quedando en la de otra persona mientras intentas salir adelante. Te enviamos todo nuestro cariño en este momento. Es muy dura tu experiencia.

Si pudiéramos, te miraríamos a los ojos y te diríamos que te queremos mucho. Eres muy valiosa y nunca estás sola. Tienes mucho que ofrecer a este mundo por el simple hecho de ser quien eres. Tus talentos, tus dones y tu personalidad son irreemplazables. El dinero nunca podrá comprar esas cosas. A Dios le importa lo que estás pasando, y está contigo.

COMPARAR LAS POSESIONES

- **Lee los siguientes versículos y subraya las formas en que Dios muestra su cuidado por los que tienen menos. Subrayaremos los primeros por ti.**

En cuanto a mí, pobre y necesitado,
que el Señor <u>me tenga en sus pensamientos</u>.
Tú eres mi <u>ayudador</u> y mi <u>salvador</u>;
oh Dios mío, no te demores.

(Salmos 40:17)

Rescatará a los pobres cuando a él clamen;
ayudará a los oprimidos, que no tienen quién los defienda.

(Salmos 72:12)

El Señor hace a algunos pobres y a otros ricos;
a unos derriba y a otros levanta.
Él levanta al pobre del polvo
y al necesitado del basurero.
Los pone entre los príncipes
y los coloca en los asientos de honor.
Pues toda la tierra pertenece al Señor,
y él puso en orden el mundo.

(1 Samuel 2:7-8)

Si tienes menos dinero en tu taza medidora, no creas la mentira de que tienes menos amor de Dios. La verdad es que aún no has visto todo lo que Dios planea darte, y no lo verás hasta que estés en el cielo. ¿Por qué no esperar hasta entonces para decidir si eres rica o no? Y, mientras tanto, ¿por qué no dar gracias a Dios por todo lo que te ha dado?

Dios:
Me alegro de que estés atento a los pobres y a los que tienen menos.
No importa si tengo mucho o no, quiero servirte y amar a quienes tú
amas. Ayúdame a contentarme con lo que me has dado hasta ahora.
Amén.

$\mathcal{D}$ía 30

MANOS BIEN ABIERTAS

Benditos son los generosos, porque alimentan a los pobres.
PROVERBIOS 22:9

HANNAH TAYLOR TENÍA cinco años cuando vio a un hombre comiendo de un cubo de basura. Miró a su madre y le preguntó: "¿Qué hace ese hombre?". Su madre aprovechó el momento para explicarle que ese hombre, al igual que muchos otros, eran personas sin hogar. No tenían dónde vivir y, a menudo, tampoco qué comer. Hannah nunca había visto a un vagabundo y, mientras volvía a casa, las cosas que había visto le seguían dando vueltas en la cabeza. Día tras día, su mente se llenaba de preguntas sobre los indigentes de la calle, y sus padres no tenían respuestas. Sabiendo que estaba muy preocupada, su madre finalmente sugirió: "Sabes, Hannah, tal vez si hicieras algo al respecto, no te sentirías tan triste".

De manera que, a los seis años, Hannah presentó el problema de los indigentes a su clase y les pidió colaboración para recaudar dinero para ayudar a las personas que encontraba en la calle sin hogar. Esa primera recaudación de fondos llevó a Hannah y a sus amigos a pintar frascos con mariquitas y a colocarlos por toda su comunidad para recaudar dinero. A los ocho años, Hannah creó una fundación para donar dinero a refugios que albergaban y alimentaban a personas sin hogar.

Un día, mientras visitaba un centro de acogida de Toronto, algunos niños empezaron a contarle historias sobre la vida en el refugio. Hannah se estaba despidiendo de todos con un abrazo cuando una chica mayor la detuvo y la miró fijamente a los ojos: "Hasta hoy, pensaba que nadie me amaba, pero ahora sé que tú sí me amas".[2]

Cuando abres tus manos

Hannah tenía sus manos bien abiertas, y Dios quiere que tú también las tengas. Él quiere que seas la clase de chica que ve a las personas necesitadas que viven a su alrededor. Dios quiere mostrarles que los ama a través de tu amorosa generosidad. Tal es así que Dios le dijo a Israel: "No deberá haber pobres en medio de ti" (Deuteronomio 15:4).

- **Personaliza el versículo y escribe el nombre de tu ciudad:**

   No deberá haber pobres en medio de ti en _____.

Dios no pone cantidades iguales en nuestras tazas medidoras. Pone a las que tienen mucho y a las que tienen poco una al lado de la otra, y luego dice a la que tiene más: "Te ordeno que compartas tus bienes generosamente [abras tus manos] con ellos y también con otros israelitas que pasen necesidad" (Deuteronomio 15:11). En obediencia, la que abre su mano, dice: "Para empezar, esto no es mío", y la que recibe dice: "Dios está supliendo mis necesidades a través de tu dádiva". Y ambas aprenden a confiar en Dios de una manera que no lo harían si cada una hubiera tenido lo suficiente.

Entonces, ¿qué significa cuando cierro mi puño y me niego a dar a mi prójimo que está en necesidad? ¿No estoy robando tanto a mi prójimo como a Dios, que puso más que suficiente en mi bolsillo para que yo comparta con el necesitado? ¿Recuerdas al joven rico que dejó a Jesús triste porque no quería dar todo lo que tenía? Dios había puesto mucho dinero en los bolsillos del joven rico y le había puesto en posición de ayudar a otros y compartir sus bienes con ellos generosamente. Le estaba pidiendo que abriera *bien* sus manos. Era una prueba y una oportunidad para confiar en Dios y darle el primer lugar en su vida. El dinero más que suficiente en mi bolsillo siempre lo es.

Lo hemos dicho antes, pero vale la pena repetirlo: Dar no nos hace seguidoras de Jesús, pero los seguidores dan, porque eso es lo que somos. Las personas generosas dan, porque, de todos modos, todo pertenece a nuestro Dios.

Cuando no tienes mucho para dar

Puede que estés pensando: "Dar suena muy bien, Shannon y Lee. Me encantaría hacerlo, pero solo soy una adolescente. No tengo mucho dinero para dar". Lo sabemos. A veces parece que no tenemos mucho para ofrecer cuando consideramos todas las necesidades que nos rodean, pero Jesús, que dijo lo siguiente, mira nuestro corazón:

> Y si le dan siquiera un vaso de agua fresca a uno de mis seguidores más insignificantes, les aseguro que recibirán una recompensa (Mateo 10:42).

¿Conoces esos pequeños vasitos de papel para agua? ¿Los que miden solo un par de centímetros? Me imagino dándole un vasito de agua a un niño cuando leo este versículo. No parece mucho, ¿verdad? El vaso no es caro. El agua no es cara. Dar ese vasito de agua puede parecer algo insignificante como para sentirnos muy orgullosas, ¿verdad? Puede que incluso te avergüences si eso es todo lo que puedes dar.

Sin embargo, Jesús dijo que cada vaso de agua, por más pequeño que sea, es importante. Cuando inclinamos nuestras tazas medidoras y derramamos incluso unas pocas gotas, enviamos nuestro tesoro al lugar "donde las polillas y el óxido no pueden destruir, y los ladrones no entran a robar" (Mateo 6:20).

- **Vuelve a leer Mateo 10:42 y completa los espacios en blanco que aparecen a continuación.**

> **Si le dan siquiera un vaso de agua fresca a** _____,
> **les aseguro que recibirán** _____.

Randy Alcorn escribió un libro sobre el cielo, y dijo que cada día aquí en la tierra tenemos la oportunidad de hacer algo con nuestro dinero que importará en el cielo. Randy dijo sobre el dinero: "No te lo puedes llevar contigo, pero puedes enviarlo por adelantado".[3] ¡Jesús nos recompensará por dar a otros y por nuestro estilo de vida generosa! Eso es realmente inspirador, ¿no es cierto?

Cuando desearías dar más

¿Sigues pensando que lo que tienes para dar no es tan significativo o importante como lo que pueden dar otras personas? Veamos esa comparación. En la Biblia hubo una mujer que pudo haberse sentido así. Comenzó cuando Jesús estaba sentado en el templo con sus discípulos y vio a los ricos que echaban sus donativos en el plato de las ofrendas. En esa época no tenían billetes de dólar, solo monedas, así que imagínate que la gente traía un montón de monedas, y se podía oír el tintineo al caer en el plato. Harían mucho ruido, ¿verdad? Entonces se acercó al plato de las ofrendas una mujer sin mucho dinero. Cuando esta pobre viuda echó solo dos monedas de cobre, Jesús llamó a sus discípulos y la elogió con estas palabras:

> Les digo la verdad... esta viuda pobre ha dado más que todos los demás. Pues ellos dieron una mínima parte de lo que les sobraba, pero ella, con lo pobre que es, dio todo lo que tenía (Lucas 21:3-4).

- **En los versículos, rodea con un círculo la palabra más.**

Más es una palabra que denota comparación. Mira cómo Jesús comparaba a la gente en la vida real. Había mucha gente rica que daba grandes sumas de dinero, pero Él destacó a la viuda con dos pequeñas monedas y dijo que *ella* era la que más había dado. ¿Cómo es posible?

- **¿Qué dijo Jesús de lo que daban los ricos?**

¿Y la viuda pobre?

En nuestro mundo, si un multimillonario pone un millón de dólares en el plato de la ofrenda, y tú, de manera sacrificial, pones el último dólar que te queda junto al millón, el multimillonario ha dado más. Es evidente.

Sin embargo, en el reino de Cristo (el que de verdad importa) parece que las matemáticas son diferentes. El sacrificio da a tu ofrenda un peso adicional. De modo que si pones el último dólar que te queda, *tú* eres la que ha dado más. Y Jesús llamaría a sus discípulos para que se inspiraran en *ti*.

- **¿Qué cosas podrías dar a otros de lo que el Señor te ha dado?**

Tú, con el dinero que ganas por cuidar niños o la mesada que ahorras. Tú, con ropa, material escolar o de manualidades que no usas podrías marcar la diferencia. Tu generosidad podría inspirar a otros a hacer lo mismo. ¿Qué tal si tomas un momento para pedir a Dios que abra tus ojos a la necesidad de aquellos que te rodean y te ayude a saber cómo puedes satisfacerlas? Tal vez ofrecerte a cuidar gratis a un niño o enseñar al hijo de tu vecina a dibujar un caballo. Podría ser contarle un chiste a un profesor que parece tener dificultades o llamar a tu abuela.

Amiga, ¿estás lista para quitarte las etiquetas y ser conocida simplemente como una seguidora de Jesús? ¿Queda algún resentimiento en tu corazón? El joven rico se dio la vuelta y se alejó de Jesús entristecido. Pero, cuando tenemos preguntas, cuando no sabemos qué hacer, podemos ir a nuestro Salvador Jesús y pedirle ayuda.

- **Aquí tienes un espacio para que puedas escribir tu propia oración para pedir a Dios que te ayude y te muestre qué hacer. A Dios le encanta saber de ti.**

Capítulo 7

COMPARAR LOS TALENTOS

Shannon: Hola, Lee. Tengo una pregunta. No tienes que responder si no quieres… ¿En qué crees que soy buena? Porque no se me ocurre nada. Solía pensar que era buena oradora, pero luego escuché a Lila dar una conferencia en la iglesia y me di cuenta… bueno… que ella tiene ese don, no yo. 🙄

Lee: ¡Oh, Shannon! Eres buena en muchas cosas. Eres una muy buena amiga. No todo el mundo lo es, ¡pero tú lo eres de veras! También eres muy buena para hacer que los demás se sientan especiales. Eres muy divertida, muy buena escritora y muy buena para hacer que las cosas parezcan bonitas. Creo que también das muy buenas conferencias. De hecho, a veces, cuando te escucho, ¡me gustaría parecerme y sonar como tú! Pero ya estoy otra vez comparando. 🙂

INVENTARIO DE TALENTOS

En la familia de Dios se valora a todos, no porque todos seamos iguales, sino precisamente porque somos diferentes.

Considera este profundo pensamiento: Dios quiere que sus hijos estén unidos, así que nos hace... a que no sabes... diferentes. *No* iguales; eso nos haría uniformes. Para que tengamos unidad, Dios nos hace diferentes.

Él pone un poco más de esto en una taza medidora y un poco más de aquello en otra. Nos hace diferentes a propósito para que nos unamos y busquemos maneras de derramar lo que se nos ha dado y recibir lo que otra tiene para dar.

- **¿Qué ha puesto Dios en tu taza medidora? ¿Con qué te ha dotado de manera única? ¡Rodea con un círculo o colorea las cosas que te salen bien!**

Soy una buena amiga.	Puedo hacer una fogata.	Soy una chica con estilo.	Soy una lectora veloz.	Tengo buena memoria.
Hago que la gente se sienta bienvenida en un grupo.	Soy buena para peinarme y maquillarme.	Soy buena para los videojuegos.	Sé tocar un instrumento musical.	Soy buena para recordar nombres.
Soy buena en matemáticas.	Soy buena con los niños.	Soy buena para narrar cuentos.	Soy buena resolviendo problemas.	Tengo buenas calificaciones.
Canto bien.	Sé cocinar.	Soy divertida.	Dibujo bien.	Soy servicial.
Soy buena con los animales.	Soy buena en los deportes.	Soy muy trabajadora.	Soy digna de confianza.	Soy ingeniosa.

¿No hemos mencionado algún talento tuyo? ¿Cuál es?

Dios no puso al azar los talentos en tu taza medidora. Los puso allí a propósito para que los compartieras y puso diferentes talentos en las tazas medidoras de otras personas para que los compartieran contigo. Así que comencemos y veamos cómo derramar nuestra taza nos libera de las líneas medidoras y las comparaciones.

Día 31

LA DISTRIBUCIÓN DE LOS TALENTOS

Alguien a quien se le ha dado mucho, mucho se le pedirá a cambio;
y alguien a quien se le ha confiado mucho, aún más se le exigirá.
Lucas 12:48

Yo (Shannon) recuerdo llegar a casa el día de los exámenes estandarizados en tercer grado de primaria y llorar tanto que mi madre apenas podía entender lo que decía a través de sollozos que me cortaban la respiración. La maestra había repartido cuadernillos rojos a todos los niños inteligentes, pero a mí me había entregado un cuadernillo azul como a todos los demás.

En secreto, me preocupaba que me hubieran puesto en *Spectrum* (un programa para niños inteligentes) por error, porque estaba segura de que no era suficientemente lista. Pero me encantaba ese programa, así que no le conté a nadie lo del error, y ahora la verdad había salido a la luz. La maestra lo sabía. Toda la clase lo sabía. Y yo lo sabía. Yo *no era* uno de los niños inteligentes, y el cuadernillo azul era la prueba de ello.

¡Qué humillación! Quería esconderme, desaparecer y no volver jamás. Sabía que todos los demás niños habían vuelto a su casa y les habían dicho a sus madres: "¡Shannon tiene un cuadernillo azul!".

Seguro que estás de acuerdo en que mi angustia de tercer grado parece un poco dramática y tonta. ¿Por qué me avergonzaba tanto que me consideraran "normal" en una clase llena de niños con el cuadernillo azul? ¿Por qué estaba convencida de que todos me miraban? No obstante, hoy podría hacerme la misma pregunta y apuesto a que tú también. ¿Por qué, por qué estamos tan obsesionadas con mirar a quienes nos rodean y compararnos? ¿Por qué estamos tan convencidas de que todo el mundo nos mira?

Ethel Barrett dijo una famosa frase: "Nos preocuparía menos lo que los demás piensen de nosotros si nos diéramos cuenta de lo poco que lo hacen".[1]

- **¿Qué crees que quiso decir Ethel Barrett con esa frase?**

Diferente medida de talentos

La verdad es que tenemos diferentes medidas de inteligencia (junto con todo lo demás) en nuestras tazas medidoras. Jesús contó una historia donde se comparan los "talentos". Ahora bien, cuando pensamos en un talento, pensamos en nuestras habilidades como tocar el piano, saltar con pértiga o dibujar muy bien; pero en la época de Jesús, un "talento" era una gran bolsa de oro o plata.

[Es] como un hombre que al emprender un viaje, llamó a sus siervos y les encomendó sus bienes. Y a uno le dio cinco talentos, a otro dos y a otro uno, a cada uno conforme a su capacidad; y se fue de viaje (Mateo 25:14-15, NBLA).

- **Adelante, escribe sobre la cabeza de cada siervo el número de talentos que ha recibido.**

■ Según el pasaje bíblico anterior, ¿cómo decidió el amo cuántos talentos le confiaría a cada siervo mientras él estuviera de viaje?

Historia real

Fíjate que Jesús podría haber contado una historia más sencilla en la que dos siervos recibían cada uno una bolsa de oro: uno la enterraba y el otro la invertía. En cambio, Jesús contó una historia real, que simboliza la diferente cantidad de talentos que tenemos en nuestras tazas medidoras. De manera que, en la historia, los siervos recibieron cantidades desiguales.

Sinceramente, esto nos molesta un poco a Lee y a mí, y tal vez a ti también. ¿No debería recibir todo el mundo lo mismo? ¿No sería *justo*? Desde nuestra perspectiva, tal vez lo sea. Tiene sentido que cada persona tenga la misma cantidad, pero Dios mide a cada persona y determina lo que cada una puede cargar. Hablaremos más sobre esto mañana, pero Dios nos da dones para usarlos para su gloria según nuestra habilidad personal, no según lo que la chica a nuestro lado puede cargar.

Dios muestra su bondad con cada una de nosotras cuando nos da cantidades desiguales de "talentos". Cada don y talento que nos confía, la cantidad de dinero que llevamos en nuestra cartera y las habilidades que poseemos, todo pesa. No todas podemos llevar la misma carga, y Dios lo sabe. Él sabe lo que puedes manejar y te asignó la cantidad correcta de "talentos" para invertir mientras esperas el regreso de Jesús.

■ En la ilustración anterior, pon un corazón sobre cada uno de los siervos a los que el amo mostró amor.

¿Pusiste un corazón sobre cada uno de ellos? El amo de esta historia amaba a sus tres siervos, porque el amo representa a Dios, el Padre celestial, y Él nos ama a todas. Leamos lo que cada siervo de la historia hizo con sus talentos.

El que había recibido los cinco talentos, enseguida fue y negoció con ellos y ganó otros cinco talentos. Asimismo el que había recibido los dos talentos ganó otros dos. Pero el que había recibido uno, fue y cavó en la tierra y escondió el dinero de su señor (Mateo 25:16-18, NBLA).

■ **¿Con qué rapidez se pusieron a trabajar los dos primeros siervos en la inversión de sus talentos? Rodea con un círculo lo que dicen los versículos.**

- **En un par de días**

- **Una vez que leyeron los últimos informes bursátiles**

- **Después de hacer un plan bien elaborado**

- **Enseguida**

Es propio de nosotras sentarnos a preguntarnos si la cantidad de talento que hemos recibido es tanta como la de la chica de al lado. *¿Soy tan inteligente como ella o más? ¿Por qué ella puede hablar delante de todo el colegio y yo empiezo a transpirar de los nervios cuando tengo que hablar en clase? ¿Es ella mejor que yo en deportes, canto, estudios, creatividad o liderazgo?*

Tenemos que parar con toda esta comparación y celos de otras personas. Dios no está buscando un grupo de superestrellas, está buscando siervos fieles, personas que inviertan lo que Él les ha confiado para su gloria.

Después de mucho tiempo vino el señor de aquellos siervos, y arregló cuentas con ellos. Y llegando el que había recibido los cinco talentos, trajo otros cinco talentos, diciendo: "Señor, usted me entregó cinco talentos; mire, he ganado otros cinco talentos". Su señor le dijo: "Bien, siervo bueno y fiel; en lo poco fuiste fiel, sobre mucho te pondré; entra en el gozo de tu señor" (Mateo 25:19-21, NBLA).

■ **Vuelve atrás y pon una X sobre los cinco talentos originales entregados al primer siervo y escribe en su lugar el número diez.**

■ **Vuelve a leer el último versículo y subraya la descripción del siervo que se repite dos veces.**

Ahora viene nuestra parte favorita. Observa lo que ocurrió con el siervo de los dos talentos:

> Llegando también el de los dos talentos, dijo: "Señor, usted me entregó dos talentos; mire, he ganado otros dos talentos". Su señor le dijo: "Bien, siervo bueno y fiel; en lo poco fuiste fiel, sobre mucho te pondré; entra en el gozo de tu señor" (Mateo 25:22-23, NBLA).

- **Vuelve atrás y pon una X sobre la cantidad entregada al segundo siervo y escribe al lado el nuevo total.**

- **Vuelve a leer el último versículo y subraya la descripción del siervo que se repite dos veces.**

- **¿Hay alguna diferencia en las respuestas del amo a los dos primeros siervos?**

- **Si el tercer siervo hiciera lo mismo que los otros dos, invertir sus talentos, ¿qué crees que le diría el amo?**

Talentos enterrados

Pues bien, ¿estás lista para el mal ejemplo de la historia? Allá vamos:

> Pero llegando también el que había recibido un talento, dijo: "Señor, yo sabía que usted es un hombre duro... y tuve miedo, y fui y

escondí su talento en la tierra; mire, aquí tiene lo que es suyo". Pero su señor le dijo: "Siervo malo y perezoso..." (Mateo 25:24-26, NBLA).

- **¿Encontró el tercer siervo la manera de aumentar lo que el amo le habían dado?**

Sí ____ **No** ____

- **¿Por qué escondió el talento?**

Dios sigue distribuyendo talentos hoy día. En algunas etapas de la vida puedes tener cinco talentos y en otras solo dos. En otras áreas puede que solo tengas un talento, pero, al igual que el amo de la historia que contó Jesús, Dios busca fidelidad.

Eso es lo que Jesús quiere de ti también. Él anhela que superes tu miedo a no tener lo suficiente y que hagas lo máximo que puedas con lo que Él te ha dado.

¿Eres una chica que recibió una libreta roja? ¡Estupendo! ¿Eres una chica que recibió una libreta azul? También es estupendo. La historia de Jesús nos enseña que todo es cuestión de fidelidad. Así que decidamos hoy que lo que queremos oír sea "Bien, sierva buena y fiel", y pongámonos a trabajar.

Jesús:
Quiero servirte con los talentos que me has dado. Gracias porque sabes el peso que puedo cargar y lo has tenido en cuenta al darme los talentos. Ayúdame a usarlos para honrarte.
Amén.

Día 32

CORRER TRAS ELLA

No sean egoístas; no traten de impresionar a nadie. Sean humildes,
es decir, considerando a los demás como mejores que ustedes.

FILIPENSES 2:3

SUPE QUE ALGO era diferente en Lexie Beth, mi hija (de Lee), cuando a los cuatro años corrió cinco kilómetros con unas chancletas rosas y una falda de lunares. Le encantaba correr. A medida que crecía, la animábamos a participar en carreras cortas con otros niños de su edad y, cuando estaba en sexto grado, por fin pudo correr en el equipo de la escuela por todo el país. A todos nos entusiasmaba verla destacar.

En la categoría de su edad, nadie podía competir con ella, nadie lo intentaba siquiera. Así que Lexie corría con las chicas de la escuela secundaria durante las vacaciones de verano, e incluso le pidieron que corriera una maratón con ellas antes que comenzara la escuela secundaria. Era muy divertido ver a nuestra atleta de "cinco talentos" competir y ganar. Hasta que, en otoño de séptimo grado, se mudó a nuestra zona una chica nueva que era una corredora excepcional. Su madre era una atleta universitaria estadounidense, que se había clasificado para las pruebas olímpicas. Sus padres habían sido seleccionados como uno de los diez equipos de entrenadores más inspiradores y motivadores de Estados Unidos.

Jessie, la chica nueva, y Lexie se hicieron amigas enseguida. Era divertido tener a una chica de su edad con la que correr, pero no era muy divertido sentirse superada. Por mucho que Lexie lo intentara, no podía alcanzar a Jessie. Hasta el día de hoy, Lexie no la ha ganado ni en una sola carrera. En algún momento, Lexie llegó a la conclusión de que podía seguir comparándose y midiéndose con Jessie, o podía convertirse en su animadora. No siempre ha sido fácil, y ha estado tentada a sentir celos. Lexie te diría que todavía tiene que trabajar duro para no compararse o sentirse superada cuando corre con Jessie. No obstante, yo veo que Lexie elige estar agradecida por la experiencia de correr con las mejores, y está aprendiendo de Jessie, que muy bien podría ser una atleta olímpica algún día.

Son fantásticas compañeras de equipo, pero solo cuando se niegan a compararse entre ellas.

Alta capacidad o baja capacidad

¿Recuerdas la historia que contó Jesús sobre los tres siervos con diferente cantidad de talentos?

Un talento es una medida que pesa alrededor de treinta kilos. Así que un talento de oro o plata pesa bastante. Y en la historia, el amo repartió los talentos "en proporción a las *capacidades* de cada uno" (Mateo 25:15). El amo no repartió los talentos pensando en su valor monetario: pensó en la persona a la que le estaba confiando los talentos. La palabra *capacidades* denota "poder". Así que, básicamente, el amo sabía cuánto podía cargar cada uno y repartió los talentos de acuerdo a ello.

Jesús también sabe lo que tú puedes cargar. Tal vez puedas cargar treinta kilos. Tal vez puedas cargar cinco veces más. Sea como sea, Jesús sabe exactamente cuánto puedes cargar y eso es, precisamente, lo que te ha dado.

¿Eres una chica de alta capacidad y cualidades excepcionales en varios aspectos? ¿Puedes practicar cinco deportes, estar en la banda y en el coro, además de cuidar niños todas las noches? ¡Asombroso! Entonces deberías practicar cinco deportes, estar en la banda y el coro y cuidar niños todas las noches. (En realidad, ¡parece mucho! ¡ja ja!). Jesús sabe lo que puedes cargar y te pide que seas fiel.

Tal vez seas una chica de baja capacidad. Puede que tengas la enfermedad de Lyme, una discapacidad de aprendizaje o quizás debes ayudar con tus hermanos menores. ¿Solo puedes ocuparte de las tareas escolares y nada más? Entonces deberías ocuparte de la escuela y nada más. ¿Te resulta difícil la escuela, pero eres una niñera magistral o una gran cocinera? Jesús sabe lo que puedes cargar y te pide que uses fielmente lo que te ha dado.

- Hemos seleccionado algunas áreas para que califiques cuál crees que es tu nivel de "talento" en cada una. No es momento de falsas humildades. Trata de ser sincera contigo mismo y con tu Padre celestial.

	Un talento	Dos talentos	Cinco talentos
Capacidad atlética			
Habilidades musicales			
Capacidad para estudiar			
Habilidades de liderazgo			
Don de gente			
Moda o decoración			
Habilidades artísticas			

Enterrar el talento o invertirlo

Cada una de nosotras debe invertir lo que Dios nos ha confiado, ni más ni menos. El siervo con un talento de nuestra historia no lo invirtió. En cambio, enterró lo que su amo le había dado.

Ahora bien, no me malinterpretes ni pienses que el siervo que recibió un talento es el mal ejemplo de la historia porque no trabajó lo suficiente. La historia de la Biblia no es "esfuérzate más, haz lo mejor que puedas y tendrás lo que te mereces". La Biblia es una historia sobre personas que reciben lo que *no* se merecen.

Entonces, ¿por qué el amo echó afuera al siervo que había recibido un talento? Cuando escuchamos sus excusas, tenemos la sensación de que este siervo no ve al amo como su amo. Se ve a *sí mismo* como el que toma las decisiones. Se ve a sí mismo como el que juzga el carácter moral de las personas. Está convencido de que el amo es una persona severa e interesada, no un dador generoso, y por eso entierra su talento. "Mire, aquí está su dinero de vuelta", le dice.

La verdad es que Dios es extraordinariamente generoso, lo creamos o no. Juan 3:16 dice que Dios dio generosamente a su único Hijo porque no quería que ninguna de nosotras fuera desechada. Quiere que todos tengamos vida eterna. No obstante, todo aquel que entra por la puerta del cielo es alguien que reconoce al Amo como el Amo.

- **¿Cómo es que el siervo que recibió un talento no consideraba a su amo como su amo?**

- **Si Dios es el Amo y dueño de todos tus talentos, ¿cómo puedes considerarlo tu Amo al usar lo que te ha confiado? ¿Cómo es que al enterrar tu talento te estás considerando dueña de ti misma?**

Los otros dos siervos no enterraron su talento, ¡lo invirtieron! Y fueron recompensados, pero fíjate *por qué* recibieron su recompensa. El amo no dijo: "Bien hecho, siervo bueno y *productivo*"; sino: "Bien hecho, mi buen siervo *fiel*". Nuestras recompensas están basadas en la fidelidad, no en los resultados. Y podemos ser fieles, aunque seamos las que menos resultados produzcamos.

Llenarte de celos o animar a otros

¿Estuviste alguna vez en una situación en la que querías servir, pero otra chica tuvo esa oportunidad? Lo que me sucedió a mí (Shannon) fue que no me dieron un puesto de liderazgo que era importante para mí. Cuando vi que mi amiga Alice había conseguido ese puesto, me invadieron los celos y no pude hacer otra cosa que llorar y reclamar a Dios. *¿Por qué ella, Dios? ¿Por qué no yo?*

Quería sacar mi vara de medir y apilar todas las pruebas que demostraban que yo merecía ese honor más que mi amiga. Yo tenía más experiencia. Era mejor para contar anécdotas graciosas y agradar a la gente. Por otro lado, también quería regodearme en la autocompasión por las distintas maneras en que Alice estaba más dotada que yo. Sin duda era más bonita. Y enseñaba la Biblia con mucha claridad.

El honor que recibió Alice me hizo sentir *deshonrada*. Quería gritar, cubrirme la cabeza con una almohada y evitar a Alice a partir de ese día. Entonces reconocí la voz interior de la chica obsesionada con las comparaciones, y me di cuenta de que había olvidado estas palabras de Pablo:

No hagas nada por rivalidad ni por vanagloria, sino considera humildemente a _____ (mi amiga) más importante que yo misma (Filipenses 2:3, parafraseado).

- **¿Hay alguien que te venga a la mente al hablar de rivalidad o celos?**

¿Qué medidas podrías tomar para animar a esa chica?

El día que supe que Alice había sido elegida antes que yo, tomé la decisión de hacer lo que enseña este versículo y poner a Alice primero. Cuando tomé el teléfono para llamarla y animarla, ocurrió algo increíble. Cuando oí su voz, mi corazón se llenó de alegría. Recordé lo capaz que ella era y pude ver lo mucho que podría aportar. Cuanto más hablábamos, más me daba cuenta de que mi amiga y yo tenemos dones diferentes, y que eso se debía a que Dios así lo había dispuesto. Nos había diseñado para tareas diferentes, ¡y Dios no va a dejar que me pierda de cumplir la tarea que me ha asignado! A veces Dios no nos da lo que queríamos al principio, porque quiere que tengamos tiempo y espacio para hacer otras cosas mejores.

Amiga, seamos siervas libres del egocentrismo, y animémonos unas a otras, asombradas por los dones que Dios ha puesto en las manos de cada una.

> *Jesús:*
> *A veces siento celos cuando eligen a otra chica antes que a mí o simplemente es mejor en algo. Ayúdame a recordar que los celos denotan falta de humildad, y la humildad es lo que tú quieres para mi vida. ¡Y que la humildad es realmente el camino hacia la felicidad! Amén.*

Día 33

PROBARSE PARA UN EQUIPO Y PASAR LA PRUEBA

Por lo tanto, amados hermanos, les ruego que entreguen su cuerpo
a Dios por todo lo que él ha hecho a favor de ustedes. Que
sea un sacrificio vivo y santo, la clase de sacrificio que a él
le agrada. Esa es la verdadera forma de adorarlo.
ROMANOS 12:1

HA SIDO UN AÑO DURO para Lucía. Es muy divertido estar con ella, siempre se ríe y está dispuesta a jugar. Es súper inteligente y ya ha escrito su primer libro con una trama que podría ser una película. Tiene muchos amigos, ama a Jesús y dirige el culto del grupo de jóvenes de su escuela secundaria. ¡Incluso canta y actúa en la compañía de teatro local! Pero este año Lucía se presentó al equipo de fútbol, al de voleibol y al de las animadoras, y no entró en ninguno de los equipos.

Trabajó duro y practicó mucho, pero no entró en ninguno de los tres equipos de los que quería participar. Como puedes imaginar, Lucía está decepcionada y, cada vez que le ha pasado, ha tardado un par de días en recuperarse de la decepción. A mí me pasaría lo mismo. ¿Y a ti?

Sin embargo, aquí es donde Lucía es excepcional. En lugar de renunciar o hablar mal de los entrenadores o de las chicas que han entrado al equipo, Lucía sigue activa y las anima a todas.

■ ¿Has tenido alguna ocasión en la que querías formar parte de un equipo y no pasaste la prueba o no te eligieron? Describe las circunstancias y las emociones que sentiste.

El siervo con los dos talentos

Cuando Jesús contó la historia de los talentos (con los siervos que recibieron cinco, dos y un talento), me imagino a los discípulos tratando de averiguar quiénes eran en la historia. Pedro era obviamente el de los cinco talentos. Siempre lo elegían primero para todo. ¿Pero qué hay de Tadeo?

¿Te acuerdas de Tadeo? ¿No? Era un discípulo que siempre estaba al final de la lista y nunca se destacaba en nada. Tadeo probablemente pensaba: "Soy el siervo con solo dos talentos". Y creo que ese era el punto que Jesús quería señalar.

El siervo que recibió los dos talentos en realidad es el héroe de la historia, al menos para mí. Porque cuando tengo mucho menos que la persona que siempre eligen primero, es cuando más quiero renunciar. Es cuando quiero salir del campo de acción o abandonar las pruebas antes del segundo día. Es cuando quiero enterrar mi talento. ¿Por qué? Porque quiero ser increíble en todo.

En cambio, en la historia, el siervo con "solo" dos talentos los invirtió. Y mira lo que le dijo el amo. El siervo con cinco talentos duplicó sus talentos, el siervo con dos talentos duplicó los suyos; y el amo les dijo *a ambos exactamente* lo mismo: "Bien hecho, mi buen siervo fiel".

¿Sabes lo que significa? Era tan importante para el siervo con dos talentos invertir sus talentos como para el que tenía cinco talentos. Era tan importante para Tadeo no renunciar como lo era para Pedro. Y es igual de importante para ti seguir invirtiendo los talentos que Dios te ha dado.

Tadeo no era un personaje menor en la mente de Jesús. Tadeo solo tuvo una historia que no apareció en la primera página de la Biblia, pero en la eternidad, Tadeo será celebrado igual que Pedro, Santiago y Juan: el Equipo A. De hecho, la tradición de la Iglesia sostiene que Tadeo fue a Turquía en un viaje misionero y predicó el evangelio a personas que nunca habían oído hablar de Jesús. Murió allí como un mártir que dio su vida por Cristo. No puedes pensar que no era importante. Solo que era diferente, ¿no te parece?

Cambio de mentalidad

Un gran cambio puede ocurrir cuando cada una de nosotras se da cuenta de que fuimos diseñadas por Dios con un propósito que Él quiere que cumplamos.

> Pues somos la obra maestra de Dios. Él nos creó de nuevo en Cristo Jesús, a fin de que hagamos las cosas buenas que preparó para nosotros tiempo atrás (Efesios 2:10).

No eres un personaje secundario en el plan de Dios para tu vida. No te has perdido ningún talento que Dios quería confiarte. A veces los talentos y las habilidades llegan más tarde en la vida, pero siempre vendrán cuando los necesites para los propósitos específicos que Dios tiene para *ti*.

- **Personaliza Efesios 2:10 a continuación y escribe tu nombre en los espacios en blanco.**

  Pues _____ es la obra maestra de Dios.

  Él creó de nuevo a _____ en Cristo Jesús, a fin de que _____ haga las cosas buenas que preparó para _____ tiempo atrás.

- **Ahora lee las dos oraciones en voz alta.**

- **¿Crees en ambas afirmaciones? ¿Podrías repetirlas a un familiar o a una amiga sin miedo ni vergüenza? ¿Confías en ellas? ¿Por qué sí o por qué no?**

Ya sea con cinco talentos, dos talentos o un talento, Dios quiere que tu confianza esté puesta en Él, y que seas tú misma. No otra chica. *Tú misma.* Fuiste creada para ser diferente al resto. Tus dones pueden o no valorarse en la escuela intermedia o secundaria; pocos talentos se valoran en un ambiente que aplaude la "igualdad" y la integración. En cambio, incluso ahora, Dios tiene una lista de buenas obras que requieren las habilidades que solo tú posees.

Fórmula de talentos

¿Y si existiera una fórmula de talentos que enumerara nuestras características únicas, igual que una receta enumera las cantidades y los ingredientes de una comida?

La fórmula de Lee podría ser:

Humor: 5 talentos
Estudios: 2 talentos
Capacidad para escuchar: 2 talentos
Sabiduría: 5 talentos
Habilidad atlética: 1 talento

La fórmula de Shannon podría ser:

Creatividad: 5 talentos
Estudios: 2 talentos
Habilidad atlética: 2 talentos
Intuición: 5 talentos
Habilidad artística: 1 talento

- Escribe tu propia fórmula de talentos: ¿Qué te hace ser *tú*? Puedes echar un vistazo a la tabla de talentos de ayer para tener una breve referencia. A continuación, escribe una fórmula pensando en una amiga o hermana.

   ¿No es divertido ver las diferencias entre unas y otras? Observar los dones de otras chicas puede ayudarnos a orar por ellas y servirlas. Y puede ayudarnos a ver más claramente que nuestros talentos no solo son diferentes, sino complementarios.

- ¿Cómo puedes dedicar tiempo a apreciar lo que Dios está haciendo en la vida de otra chica con una curiosidad piadosa por las buenas obras que Dios ha planeado para ella?

Talentos millonarios

Es cierto que el siervo con un solo talento de la historia de Jesús tenía menos que los otros dos, pero no es cierto que tuviera poco.

He aquí por qué lo digo: un talento de oro (o treinta kilos) vale más de un millón de dólares en moneda de hoy. ¿Te imaginas enterrar un millón de dólares? ¿Te imaginas sentir que no es respetable que *solo* te confíen un millón de dólares? Tenía menos, pero no tenía poco.

Tal vez sigas pensando que la fórmula del talento que Dios te ha dado no es tan genial como la de otra chica. Quizás tú eres la que sea líder. O tal vez seas la que anima. ¡O eres la que puede memorizar súper fácil!

Esto es lo que Dios piensa de tu único talento: que vale un millón de dólares. Y como Él es el amo, Él decide en qué gastarlos, ¿verdad? Y escucha, si Dios dice que hasta la más mínima cantidad vale mucho, entonces todos nuestros talentos valen la pena celebrarlos y usarlos para la gloria de Dios.

Jesús:
Me encanta saber que incluso un poco es suficiente cuando lo utilizo para tus propósitos. Ayúdame a darte las gracias por los dones de otras chicas y recuérdame que ore por ellas, para que todas podamos cumplir los buenos planes que tienes para nosotras.
Amén.

Día 34

SÚPER INTELIGENTE

El temor del Señor es la base del verdadero conocimiento,
pero los necios desprecian la sabiduría y la disciplina.
PROVERBIOS 1:7

SALLY ES BRILLANTE. Literalmente brillante. Desde su infancia en Florida, quiso trabajar para la NASA, el programa espacial estadounidense. Con el tiempo, fue a la universidad y se convirtió en una ingeniera que construyó un transbordador espacial para la NASA y obtuvo una maestría en ciencias. Sin embargo, no fue hasta que aceptó a Cristo de adulta cuando Sally empezó a utilizar toda su inteligencia para honrar a Dios. Sally ahora dirige una organización internacional llamada Moms in Prayer (Mamás Unidas para Orar) que opera en más de ciento cincuenta países y en los cincuenta estados de los Estados Unidos.

Si hablaras con Sally, tendrías que escucharla atentamente porque es una de las personas que habla más rápido que he (Lee) conocido. Se levanta temprano, lee la Biblia y corre antes que la mayoría de la gente abra los ojos. Toda la inteligencia de Sally está ahora enfocada como un láser en una dirección: dar gloria a Dios y testificar de Cristo a tu generación. Sally es brillante y Dios la está usando grandemente.

- ¿Conoces a alguien que sea súper inteligente?

- ¿Ser inteligente es algo genial o que se respeta en tu grupo de amigos? ¿Por qué sí o por qué no?

Dar la talla en los estudios

Es probable que a la mayoría de nosotras nos resulte fácil identificarnos con las comparaciones que hacemos en nuestro corazón cuando se trata de calificaciones y talentos académicos. Desde que somos pequeñas, los profesores ponen nuestro aprendizaje en una escala de calificaciones y asignan expectativas a los alumnos. A algunas nos encanta el entorno académico. Nos encanta el material escolar y organizar nuestros trabajos y proyectos. Quizá aprender te resulte fácil y te vaya muy bien en los exámenes.

Sin embargo, otras tenemos dificultades cada vez que nos sentamos en un pupitre. Los libros no son lo nuestro. Puede que te guste que te lean, pero detestas leer por tu cuenta. O no lograste aprender las tablas de multiplicar, y ahora estás estudiando álgebra y te sientes totalmente perdida.

Comparar nuestros tipos de aprendizaje e inteligencia puede ser muy doloroso porque nuestra sociedad valora mucho la inteligencia para los estudios. Todos los días tenemos la oportunidad de comparar nuestras calificaciones con las de los demás. Desde los exámenes hasta las redacciones, los exámenes de aptitud académica, pasando por el cuadro de honor y la clasificación de la clase, la escuela puede ser una gran vara de medir. No obstante, ninguna de estas medidas puede realmente decirnos si somos inteligentes o cómo Dios planea usarnos en el futuro.

Las calificaciones pueden ser importantes, pero no lo son todo. Cuando yo (Lee) llegué a Haití, me preguntaba cómo rayos podía predicar un pastor que no sabía leer ni siquiera un poco de la Biblia. En cambio, podía recitar de memoria no solo versículos y capítulos, sino libros completos de la Biblia.

Cuando pensamos en las personas que Dios podría utilizar en gran medida, tal vez no coloquemos a las personas con dificultades de aprendizaje o con calificaciones bajas en la parte superior de la lista de "tareas importantes", pero Dios sí lo hace. Dios usa *todo* tipo de personas todos los días, y le gusta especialmente usar a las personas con debilidades. Mira lo que Pablo escribió al respecto:

Cada vez [Jesús] me dijo: «Mi gracia es todo lo que necesitas; mi poder actúa mejor en la debilidad». Así que ahora me alegra jactarme de mis debilidades, para que el poder de Cristo pueda actuar a través de mí (2 Corintios 12:9).

- Une las siguientes palabras con sus definiciones.

Gracia	Falta de fuerza o capacidad.
Suficiente	Alivio de una carga.
Debilidad	Favor o buena voluntad, especialmente de alguien superior
Jactancia	Adecuado para el propósito, aceptable
Descanso	Hablar con orgullo de algo

- ¿Hay algún área de tu vida en este momento en la que te sientas débil, pero en la que Dios quiera ser fuerte en y a través de ti? ¿Cuál es?

- ¿Estarías dispuesta a dejar que los demás vean esa debilidad y así puedan ver también cómo Dios te está ayudando?

Diez veces más sabios

Uno de mis personajes favoritos de las Escrituras es Daniel. Su historia de fondo fue realmente triste, pero su fidelidad en utilizar todo su talento al servicio de Dios fue asombrosa. Daniel estaba probablemente en los primeros años de la escuela intermedia cuando lo sacaron de su casa y de su familia en Israel y lo llevaron cautivo al palacio de un rey extranjero.

> Luego el rey ordenó a Aspenaz, jefe del Estado Mayor, que trajera al palacio a algunos de los jóvenes de la familia real de Judá y de otras familias nobles, que habían sido llevados a Babilonia como cautivos. «Selecciona solo a jóvenes sanos, fuertes y bien parecidos —le dijo—. Asegúrate de que sean instruidos en todas las ramas del saber, que estén dotados de conocimiento y de buen juicio y que sean aptos para servir en el palacio real. Enseña a estos jóvenes el idioma y la literatura de Babilonia»... Debían recibir entrenamiento por tres años y después entrarían al servicio real (Daniel 1:3-5).

Daniel fue uno de los jóvenes que llevaron al rey.

■ **En los versículos anteriores, subraya de cuántas formas dice la Biblia que Daniel era superior a otros compañeros.**

■ **¿Cuántos años iban a durar la educación y el entrenamiento?**

Allí, en la tierra extranjera de Babilonia, Daniel y sus tres amigos decidieron honrar a Dios por su cuenta. Adolescentes, lejos de casa, decidieron seguir las leyes de Dios y las enseñanzas de sus padres y honrar a Dios pasara lo que pasara. Y cuando llegó el momento de su examen ante el rey, ocurrió algo extraordinario.

> A estos cuatro jóvenes Dios les dio aptitud excepcional para comprender todos los aspectos de la literatura y la sabiduría... Cada vez que el rey los consultaba sobre cualquier asunto que exigiera sabiduría y

juicio equilibrado, los encontraba diez veces más capaces que todos los magos y brujos de su reino (Daniel 1:17-20).

- **¿Quién dio a Daniel y a sus amigos aptitud y sabiduría?**

- **¿Por qué crees que Dios los hizo diez veces más capaces que los sabios del reino?**

Dios honró la obediencia de Daniel hacia Él, pero también tenía un plan para la vida de Daniel que requeriría gran sabiduría y aptitudes que estaban muy por encima de sus compañeros. Daniel daría gloria a Dios durante el reinado de muchos reyes impíos y malvados con su desempeño como un piadoso consejero principal.

- **¿Qué habría pasado si Daniel no hubiera estudiado durante esos tres años y en cambio hubiera sido un holgazán?**

Servir a Dios con lo que tenemos

Es gracioso imaginar a Daniel y a sus amigos jugando con sus teléfonos o con videojuegos, pero así es como se habrían comportado todos los jóvenes menos estos cuatro. Daniel decidió honrar a Dios con su inteligencia, y Dios usó a Daniel en una posición de mucho poder por el resto de su vida.

Amiga, dejemos a un lado nuestra vara de medir y hagamos lo mejor que podamos para dar la gloria a Dios con lo que tenemos. Podemos servir a Dios con calificaciones sobresalientes, con calificaciones promedio o sin calificaciones, siempre y cuando le presentemos lo mejor de nuestra vida.

Para terminar la lección de hoy, aquí hay cinco maneras de honrar a Dios como Daniel, sin importar tu coeficiente intelectual:

COMPARAR LOS TALENTOS

1. Decide dar lo mejor de ti. Olvídate de las comparaciones. Sé tú misma.
2. Sé curiosa. Aprende a amar el aprendizaje. ¡Esto honra a Dios, que creó todo!
3. Busca la sabiduría. Ser sabia es saber poner en práctica lo que estás aprendiendo.
4. Investiga la veracidad de los hechos. Asegúrate de que estás aprendiendo la verdad. Si no concuerda con la Biblia, no es verdad.
5. Dale a Jesús tus mejores pensamientos. Pasa tiempo con Él y guarda tus mejores pensamientos para Él.

Dios:
Quiero aprender y crecer como Daniel. Gracias porque posees toda la sabiduría y el conocimiento y porque puedes ayudarme a aprender. Quiero dar lo mejor de mí para ti.
Amén.

Día 35

SER LA MEJOR

Humíllense delante del Señor, y él los levantará con honor.

SANTIAGO 4:10

¿SABÍAS QUE LOS ÁRBITROS sancionan a los deportistas por celebrar en exceso durante los partidos de fútbol americano? Pues sí. Si marcas un *touchdown*, puedes hacer una pequeña demostración de victoria y saltar, pero hay un momento en que la celebración se considera excesiva, y los árbitros no solo pueden sancionar a un jugador profesional, sino también imponerle una multa.

¿De cuánto dinero? Bueno, a un jugador le impusieron una multa de 18.566 dólares este año. ¡Eso es mucho dinero! Hasta el mundo sabe que el orgullo debe desalentarse, no recompensarse, pero ¿por qué? ¿No puedes estar orgullosa de tus logros? ¿No existe el "derecho a presumir"?

Según Dios, este es el problema: cuando presumes o te comparas, actúas como si fueras tú quien ha llenado tu propia taza medidora. Pero tú no tienes ni arte ni parte en eso: Dios es quien te confió el talento.

Imagina que el siervo con los cinco talentos de Mateo 25 recibiera su camión cargado de oro y corriera por la calle sacudiendo el puño y haciendo gestos a los vecinos para que lo aclamaran, aplaudieran y vitorearan. Sería ridículo, ¿verdad? ¿Por qué? Porque los talentos no le pertenecían.

Lo mismo ocurre con tus talentos. Dios te los ha confiado. Claro, es sano enorgullecerse de tu trabajo. Y si ganas un premio, una medalla o un trofeo, no estamos sugiriendo que bajes la cabeza y rechaces el reconocimiento. Por favor, sonríe y recíbelo, pero recuerda que Dios es quien te dio el don, y se complace cuando sus hijos son fieles.

Sería una necedad, después de batir un récord u obtener la puntuación más alta, negar que has hecho algo digno de reconocimiento. Como hemos dicho, la humildad no consiste en fingir que tienes menos en tu taza medidora de lo que realmente tienes. Sin embargo, la humildad se niega a presumir de tu taza medidora. La humildad reconoce que cada logro comenzó con un don recibido.

El orgullo expuesto

Dediquemos un minuto a ver las definiciones de *orgullo* porque sabemos que puede ser complicado.

Orgullo (sustantivo)
1. Opinión elevada o desmesurada de la propia dignidad, importancia, mérito o superioridad, tanto si se tiene en la mente como si se muestra en el porte, la conducta, etc.
2. Placer o satisfacción que se siente por algo hecho por uno mismo o que le pertenece o que se cree que lo honra.[2]

- **¿Cuál de estas dos definiciones parece una definición saludable de orgullo?**

- **¿En qué ocasiones es apropiado el orgullo? Te daremos un par de ejemplos.**

  - **Es saludable estar orgullosa cuando obtienes una calificación sobresaliente o notable en un examen difícil para el que has estudiado mucho.**

  - **Es saludable sentirte orgullosa cuando te das cuenta de que has hecho la cama toda la semana después que tus padres te pidieran que mejoraras la limpieza de tu habitación.**

- **Ahora echa un vistazo a esa primera definición de orgullo. ¿Qué palabras te llaman la atención y por qué?**

Has visto todo el lenguaje de mediciones que hay ahí, ¿verdad? Por supuesto, cuando el orgullo es flagrante, como mostrar el Sobresaliente en rojo brillante que obtuviste en un examen o presumir de un récord ganador en las redes sociales, es fácil de notar. Sin embargo, el orgullo también puede ser un problema sigiloso. A veces es sutil y pasa desapercibido para las personas que nos rodean e incluso para nosotras mismas. Como chicas dadas a la comparación, nuestro orgullo puede adoptar muchas formas. Por ejemplo:

- El orgullo celoso dice: "Me enoja que ella sea tan genial".
- El orgullo altanero dice: "Me alegra mucho ser genial"."
- El orgullo inseguro dice: "Me avergüenza no ser tan genial".
- El orgullo envidioso dice: "Desearía ser tan genial como ella".
- El orgullo herido dice: "Odio no ser la mejor".

¿Te ha sorprendido alguna de estas descripciones del orgullo? La mayoría de nosotras no vemos la inseguridad y la timidez como orgullo. Una chica insegura parece tímida y vulnerable (y puede que lo sea), pero cuando insiste en que la consideren ingenua o "no buena" en algo, eso también puede ser orgullo. Es una forma de orgullo no molestarte en intentar en un área donde Dios te está pidiendo que hagas algo.

- **Rodea con un círculo cualquiera de los tipos de orgullo descritos anteriormente con los que te sientas identificada o que puedan aparecer en tu vida.**

- **¿Hay algún ámbito en particular en el que te sientas más tentada a actuar, hablar o pensar con orgullo?**

C. S. Lewis escribió: "Decimos que las personas se enorgullecen de ser ricas, inteligentes o atractivas, pero no es así. Se enorgullecen de ser más ricas, más inteligentes o más atractivas que las demás. Si todas las personas fueran ricas, inteligentes o atractivas por igual, no habría nada de qué enorgullecerse. Es la comparación lo que hace a alguien orgulloso: el placer de estar por encima de los demás".[3] Tiene razón: es la comparación lo que infla nuestro orgullo, pero también es la comparación lo que crea el orgullo herido: el disgusto de estar por debajo de los demás.

Como verás, el orgullo malsano se alimenta de las comparaciones. El orgullo alimentado por la comparación pregunta: "¿Doy la talla?". El orgullo puede mirar a las personas que lo rodean, pero su única preocupación es el yo. El orgullo detesta quedar en evidencia como "menos que" alguien. Eso es lo que pasó con Satanás, ¿recuerdas? Detestaba estar "por debajo" de Dios, y ese orgullo desencadenó su expulsión del cielo. No queremos seguir el ejemplo de Satanás. Queremos ser como Jesús.

Jesús nunca negó que era importante. No hay ningún versículo donde Jesús dijera: "Oh, no... por favor no me honren. No soy tan importante". Jesús nunca fingió que había menos en su taza medidora de lo que realmente había. ¿Qué *hizo* Jesús con su taza medidora rebosante? Sirvió. Se vació de sí mismo para exaltarnos a ti y a mí. ¿Ves la belleza de eso?

Grandeza aumentada

Hay una historia sobre un hombre famoso llamado Sir Edmund que había escalado el Monte Everest. Un día se encontró con unos turistas que querían tomarse una foto con él. Aceptó posar para la foto con un picahielos, pero justo en ese momento pasó otro alpinista, que *no* reconoció a Sir Edmund, y le dijo: "Así no se agarra un picahielos. Déjame enseñarte".

Ahora bien, si yo hubiera estado allí, probablemente habría dicho: "Oye... este hombre escaló el Monte Everest. No creo que necesite tu ayuda". Pero Sir Edmund simplemente respondió: "Oh, gracias", y lo agarró como le dijo el otro alpinista.[4] ¿Eso no te hace admirarlo aún más?

Como ves, el orgullo disminuye la grandeza, pero la humildad la aumenta. Esto tiene sentido incluso en el mundo, pero especialmente en el cielo. La taza medidora de Jesús es tan grande que, si vertieras en ella los océanos, no llegarían ni a la primera línea. ¿Y qué hizo con esa gigantesca taza medidora?

Filipenses 2:7 (NVI) señala que Jesús "se rebajó voluntariamente [se vació de sí mismo]". Primero al nacer como un bebé y luego al morir en la cruz, Jesús derramó por completo su taza medidora. Sin embargo, eso no disminuyó la grandeza de Jesús, ¡sino lo que lo hizo el más grande de todos!

Debido a que Jesús merecía el *mayor* honor, demostró la *mayor* humildad cuando se ofreció voluntariamente a morir en la cruz. Y es por eso que Dios le ha dado el más alto honor en el cielo: un nombre que es sobre todo nombre.

- **Repasa el versículo de hoy. ¿Quién será el que te levante cuando te humilles?**

- **¿Confías en Dios para el momento de tu honra (o reconocimiento)? ¿Eres capaz de esperar que Dios te levante y actuar con humildad mientras tanto? ¿Por qué sí o por qué no?**

Dios no quiere que finjas ser menos que otros. Le encanta que seas la que obtiene las calificaciones más altas o que superes a todos los de tu grupo. Él te dio tu talento y espera que lo utilices, pero aquí te invita a ser como su Hijo, Jesús: No te compares con los demás ni te enaltezcas. Rechaza toda forma de orgullo. En cambio, toma todo tu talento, humíllate y pon tu atención en la boca por donde se derrama tu taza medidora, y pregúntate: "¿Cómo puedo servir a los demás?".

Señor:
Muéstrame las áreas de mi vida en las que me comporto, hablo o pienso con orgullo. Anhelo ser como Jesús. Ayúdame a usar todos mis talentos para honrarte.
Amén.

Capítulo 8

COMPARAR LAS RELACIONES

Lee: Una amiga se acercó durante el partido de baloncesto y me dijo que desearía tener una familia como la mía, porque siempre estamos sonriendo y riendo. En todas las fotos que nos ve, parecemos felices y divertidos. La miré y le dije: "Las fotos no siempre cuentan toda la historia". ¿Cómo le dices a alguien que es imposible comparar nuestras familias? Ella no ve nuestras disputas. ¡No las subo a las redes sociales! 😂

Shannon: En realidad, yo también pienso siempre que tu familia parece perfecta. Quizá deberíamos alegrarnos los unos de los otros por los momentos felices y tener en cuenta que también hay momentos difíciles.

P.D.: ¡Sería bastante gracioso subir un momento de disputa a Instagram! Aunque mi familia me mataría.

ENCUESTA: ASUNTOS DE FAMILIA

CUANDO YO (SHANNON) tenía tu edad, recuerdo que todos los días le decía "¡Adiós, mamá!" a la conductora del autobús cuando me bajaba. A ella le parecía gracioso, aunque no tuviera el mismo color de piel que yo.

El equipo de animadoras que yo (Lee) ayudo a entrenar me llama Mamá Lee. Me parece genial. Algunas de ellas no tienen una madre presente en sus vidas.

Hay algo en nosotras, especialmente en las chicas, que siempre busca formas de pertenecer a la familia. Más adelante en este capítulo, hablaremos de las relaciones que elegimos, pero primero hablemos de las relaciones que *no* podemos elegir: nuestros padres.

Tú no elegiste a tu madre ni a tu padre. Tus amigos tampoco eligieron a los suyos. Sin embargo, ¿podemos admitir que el origen familiar es una de las líneas de nuestras tazas medidoras? Para hacerte reflexionar, aquí tienes un cuestionario sobre tu familia.

- **En una escala del 0 al 5, marca cuánto te identificas con cada afirmación: 0 significa que no estás de acuerdo, 5 que estás totalmente de acuerdo.**

	Escala 0-5
Tengo una estrecha relación con mis padres.	
Los demás desearían tener una familia como la mía.	
Actúo igual con mis amistades que con mi familia.	
Confío a mis padres mis miedos y preocupaciones.	
Me gusta pasar tiempo con mis hermanos y hermanas.	
En mi familia nos perdonamos unos a otros.	
Mi familia siempre me respalda.	
Me divierto con mi familia.	
Me gusta presentar mis amistades a mi familia.	
Mi familia me conoce de verdad y aun así me ama.	

Gracias por hacer el cuestionario. ¿Podemos celebrar o empatizar contigo por los resultados?

40–50 puntos: Dinámica familiar

Eres realmente bendecida de tener una familia en la que puedes confiar. Esperamos que des gracias a Dios por cada miembro de tu familia y que no dejes de animarlos. También sabemos que puede haber mucha presión por dar la talla cuando vienes de una buena familia. No pasa nada con admitirlo. Incluso a tus padres; pero, sobre todo, esperamos que acudas a Jesús con tus preocupaciones y recuerdes que eres amada y aceptada, no por tu procedencia o por lo que haces, sino por lo que Jesús ha hecho por ti.

26–39 puntos: Tensión familiar

Ser parte de una familia puede tener sus desafíos. Probablemente hay algunas áreas en las que necesitas trabajar con tu familia. No obstante, el trabajo siempre vale la pena, incluso cuando es difícil. Tómate un momento para orar por tu familia cada día y observa cómo Dios comenzará a obrar en tu corazón.

0–25 puntos: Dolor familiar

Sabemos que tomar esta encuesta fue difícil. En la familia todos se deberían apoyar mutuamente y, por muchas razones, puedes sentir que eso no ha sucedido contigo. ¿Hay algún adulto de confianza que los ame a ti y a tu familia? ¿Puedes hablar con esa persona y orar juntos mientras trabajas para sanar a tu familia? Oramos por ti. Jesús nunca te abandonará. No dejes de aferrarte a Él.

Día 36

COMPARAR A LOS PADRES

Una casa se edifica con sabiduría y se fortalece por medio del buen juicio.

PROVERBIOS 24:3

Una nota sobre los padres: Amiga, por el bien de este capítulo sobre las relaciones, vamos a hacer algunas suposiciones que esperamos que sean ciertas en tu vida. Vamos a suponer que tus padres:

- son bondadosos;
- te aman;
- quieren lo mejor para ti; y
- no son expertos, pero hacen todo lo que pueden para criarte bien.

Si tus padres no son como los que acabamos de describir, lo sentimos mucho. Es muy duro. Estamos orando ahora mismo para que conozcas el amor inquebrantable y perfecto de Jesús, y para que tengas un adulto de confianza en tu vida que te guíe a Él. Pase lo que pase, siempre serás una hija de Dios. Él te conoce y siempre te amará.

Por favor, no te saltes este capítulo. Es muy importante que sepas cómo puede ser una relación sana con la familia y lo que Dios desea para ti incluso ahora.

EN EL CAMINO de regreso del día de excursión de mi hija (Shannon), nos detuvimos para comer y me encontré en un atasco de estudiantes de sexto grado

233

frente a un mostrador de comida. Una chica que estaba a mi lado señaló con el pulgar en mi dirección y preguntó a los chicos que la rodeaban: "¿Alguien sabe de quién es esta mamá?".

Me sentí como un sombrero extraviado. Sonreí y dije: "Podría responder esa pregunta, pero primero tienes que decirme de quién eres hija".

Parecía sorprendida de que pudiera hablar por mí misma y dijo: "Oh... este... No creo que conozcas a mi madre. No está aquí".

De todos modos, le señalé a mi hija.

Lo que opinas de tus padres

A algunas adolescentes les encanta que todo el mundo sepa quiénes son sus padres y aprecian mucho que ellos publiquen con orgullo cada uno de sus logros (desde el primer diente hasta la primera salida con un chico) en las redes sociales para que todo el mundo lo vea. En cambio, es más común (al menos entre las adolescentes que conocemos) que las chicas pasen por una época en la que prefieren que haya un poco de distancia entre ellas y sus padres.

Veamos si podemos entender la razón: ya tienes bastante con lo que lidiar para preocuparte por algo vergonzoso que pueda decir tu madre o algo insensible que pueda hacer tu padre, todo lo cual estás segura de que te hará quedar mal ¿Qué tal? ¿Nos acercamos a la razón?

Aunque pongas distancia física y virtual, no puedes separarte completamente de tus padres. Y seguro que no puedes evitar que otras personas te midan por ellos.

Seguro que has oído comentarios como estos:

> "Su padre está en la cárcel".
> "Su madre tuvo una aventura amorosa".
> "Sus padres son muy estrictos".
> "Ella tiene dos mamás".
> "Su padre tiene un jet privado".
> "Su mamá va por su sexto matrimonio".
> "Ella sale de fiesta con sus padres".

■ ¿De qué forma comparan tus amigos a los padres o de qué forma crees que podrían compararse?

Entender la labor de tus padres

Cuando pensamos en comparaciones en lo que respecta a las familias, es importante recordar que hay un par de cosas en la vida que no puedes controlar en absoluto:

1. Dónde naciste
2. Quiénes son tus padres

Es completamente normal comparar a nuestros padres con los de otros chicos porque son una parte muy importante de nuestras vidas. Ya sea que tus padres tengan razón o no, que sean estrictos o permisivos, que sean fáciles de enojarse o amables, tus padres tienen un papel en tu vida que nadie más puede desempeñar. Es propio de la naturaleza humana encontrar parte de tu identidad en tus padres. Quieres que sus éxitos sean los tuyos, ¡pero también quieres que sus fracasos sean solo de ellos!

Independientemente de que te identifiques o no con tus padres, y de que quieras "reconocerlos" o no, Dios habla mucho sobre la labor de los padres. Para ser sincera, es una gran labor. Y a veces la gente se confunde un poco acerca de lo que significa realmente la labor de los padres, así que vamos a tomarnos un momento para explicarla.

Primero, aquí hay algunas cosas que *no* son responsabilidad de tus padres:

• Hacerte feliz
• Entretenerte
• Ser tu chófer
• Comprarte lo que quieras
• Ser súper geniales

Tal vez quieran hacer estas cosas y, a veces, las hacen, pero no es su labor.

Entonces, ¿qué deben hacer los padres por sus hijos? Aquí están las cosas que Dios dice que son responsabilidad de los padres:

- Amar a sus hijos
- Sostenerlos financiera y emocionalmente
- Enseñarles los caminos de Dios y guiarlos a Jesús
- Animarlos
- Protegerlos
- Formarlos para la vida

Al considerar esta lista, no parece precisamente fácil, ¿verdad? De hecho, se necesita mucha sabiduría para hacer bien estas cosas.

- **Repasa el versículo de hoy. ¿Qué dos cosas dice que se necesitan para edificar una buena familia y fortalecerla?**

Gratitud hacia los padres

Edificar una casa de verdad lleva tiempo. Requiere planificación, fuerza, tiempo y esfuerzo. Y, dependiendo de cómo fueron criados tus padres, la labor de padres puede no ser algo natural para ellos.

- **¿Tus padres crecieron en un hogar cristiano? ¿Cómo crees que eso afecta la forma en que te están educando?**

La gratitud siempre contrarresta la negatividad. Es casi imposible estar verdaderamente agradecida por algo y ser negativa al mismo tiempo. La gratitud, aunque sea por un breve momento, neutralizará tu negatividad.

■ Piensa en el último año y escribe tres cosas tangibles que tus padres hacen o han hecho por las que estás agradecida al Señor. Por ejemplo: "Mi mamá me llevó a comprar zapatos". O "Mi papá me hace chistes para animarme".

1.

2.

3.

■ Ahora piensa en los padres de otra chica. Tal vez alguien con quien te hayas sentido tentada a compararte. Piensa en tres formas en las que admiras y estás agradecida por esos otros padres, ya sea por lo que ves en ellos directamente o por lo que ves a través de tu amiga. Por ejemplo: "Estoy agradecida por la forma en que la madre de Celia toma fotos en todos nuestros partidos". O "Admiro lo unida que es Keyla con su mamá".

1.

2.

3.

- Una vez hechas tus listas, ¿puedes convertir tu gratitud en una oración? Comienza por dar gracias a Dios por tus padres. Cuéntale las cosas buenas que ves en ellos. Luego, pide a Dios que haga crecer tu amor y aprecio por ellos.

¡Buen trabajo!

Tal vez no puedas elegir a tus padres ni elegir sus pensamientos, palabras y acciones, pero *puedes* elegir tu respuesta y ser fuerte.

Padre celestial:

Te doy gracias porque conoces la situación de mis padres. Ayúdame a mostrarles respeto y amor. Sé que se necesita sabiduría y comprensión para edificar un buen hogar, así que te pido que nos des ambas cosas.

Amén.

$\mathcal{D}$ía 37

LA CASA GENIAL

Pero en cuanto a mí y a mi familia, nosotros serviremos al SEÑOR.

JOSUÉ 24:15

> **ambición**
> sustantivo.
> 1.
>   a. Deseo ardiente o fuerte de conseguir algo, como fama o poder.
>   b. El objeto u objetivo deseados: *Su ambición es la presidencia.*
> 2. Deseo de ejercicio o actividad; energía: *no tenía ambición de ir a bailar.*[1]

CUANDO EL AGENTE INMOBILIARIO nos mostró la casa en la que ahora vivimos, yo (Shannon) aún recuerdo cómo brillaba la luz del sol sobre la superficie de la piscina del patio trasero. La vi y pensé: *"¡Podríamos ser la casa donde vienen los amigos!"*. Me pareció una ambición digna. Me encanta recibir invitados, hacer que todos se sientan cómodos, y siempre he querido ofrecer un espacio en el que nuestros hijos quisieran traer a sus amigos a casa. Solo que no me di cuenta de cuánta ambición de dar la talla escondía mi deseo de ser "la casa donde vienen los amigos". No fue hasta que mis hijos empezaron a visitar otra casa *mejor* en la misma calle.

Nunca tuvimos el jardín adecuado para la piscina. Los grandes árboles daban demasiada sombra (y frío), y siempre dejaban caer cosas de sus ramas, que yo siempre sacaba de la piscina. Un día me pasé un par de horas preparando la piscina para mi hijo y sus amigos, pero cuando llegaron, asomó la cabeza por la puerta trasera y dijo:

—Mamá, vamos a nadar a la casa de Gabriel, ¿está bien?

—¡Pero si acabo de preparar la piscina! —objeté, todavía metida hasta la cintura en el agua con la red para sacar hojas en la mano—. El calentador está encendido y, por fin, he limpiado las algas.

—Bueno... pero la piscina de Gabriel está más caliente. Y tiene un tobogán —respondió sin dar importancia a lo que yo le acababa de decir.

Salí rápidamente de la piscina con la esperanza de convencerlos de que se quedaran, pero cuando llegué al frente de la casa, los chicos ya se habían alejado en sus bicicletas, con las toallas a cuestas. Mientras regresaba a la piscina, que se suponía que nos haría geniales, me sentí enfadada y triste a la vez. "La piscina *de Gabriel* es más cálida... *La suya* tiene tobogán". Me sentí desbordada por mis emociones negativas y mis lágrimas de enojo. No solo estaba mal por todo el trabajo que había hecho, sino que también me sentía herida.

Ahora bien, sé que crear un lugar agradable y acogedor y recibir a amigos es un objetivo encantador, pero también sé que los anfitriones hospitalarios no son los que murmuran enfadados cuando la fiesta se traslada a una piscina mejor.

Eso es lo que hacen las chicas obsesionadas con la comparación.

¿Cuál es el criterio?

En la casa de Ada, tienen bistec para la cena.

En la casa de Ema, hay una cancha de baloncesto, cuatrimotos (quads) y una piscina.

En la casa de Tatiana, te hacen sentir querida, aceptada e importante.

En la casa de Camila, su padre es senador y puede estar en casa.

¡Hay tantos factores que influyen en que tu casa sea la que la gente elija para pasar el rato o no! La casa genial puede ser aquella en la que tienen todos los entretenimientos: sistemas de juego, televisores enormes o motos de nieve y vehículos todoterreno. A veces es el lugar donde siempre hay algo para comer y refrescos en la nevera. En otras ocasiones, sobre todo en la escuela secundaria, la casa genial puede ser aquella en la que los chicos se salen con la suya.

- ¿Qué hace que una casa sea genial para ti?

- ¿Dónde te gusta pasar el rato y por qué?

- ¿Te gusta que venga gente a tu casa? Rodea con un círculo las afirmaciones que sean más ciertas para ti.

   Sí, ¡y viene mucha gente a casa!

   Sí, pero la gente no elige venir mucho a mi casa.

   Sí, pero mis padres no me dejan invitar mucho a mis amigos.

   A veces.

   Depende de quién sea.

   No, soy más introvertida y me gusta tener mi espacio.

   Nunca. Mis padres no lo permiten.

   No, me incomoda tener gente en casa.

   No, vivo demasiado lejos del colegio y de mis amigos.

   Algo más: _____

Derecho a presumir

A Lee y a mí nos encanta invitar gente a nuestras casas. Me encanta atender a los invitados y hacer que se sientan importantes. A Lee le encanta hacer que se sientan cómodos y como en casa. Imagínate lo que pasaría si empezáramos a competir por invitar gente o si empezáramos a comparar nuestras casas. ¡Eso dañaría y dividiría rápidamente nuestra amistad!

Satanás sabe que la comparación destruye las amistades y nos distrae de las cosas importantes que Dios quiere que hagamos, ya sea dentro de nuestra casa o fuera de ella. Lo mismo sucedió con los doce discípulos de Jesús. ¿Recuerdas aquella vez que los discípulos estaban discutiendo en el camino a Capernaúm? Cuando discutes, buscas pruebas tangibles para apoyar tu afirmación. Entonces, ¿qué usaron los discípulos para probar que eran los más grandes?

Antes dijimos que Pedro, Santiago y Juan, que acababan de estar en la montaña con Jesús, probablemente utilizaron esa experiencia como prueba, pero hay otra prueba que podríamos imaginar que Pedro usó. Pedro tenía su casa de reunión en Capernaúm (Marcos 1:29; 2:1). Era el lugar donde Jesús se alojaba y los discípulos se reunían siempre que estaban en la ciudad.

¿Te imaginas el honor que esto suponía? Quizá la mujer de Pedro preparaba las comidas favoritas de los muchachos o quizá su patio trasero era impresionante para pasar el rato y conversar toda la noche. Podemos ver a Pedro decir a los otros discípulos: "¿Quieren saber quién es el mejor discípulo? Bueno, déjenme preguntarles esto: ¿A la casa de quién vamos? ¿Eh? Sí, así es. A *mi* casa. No a la casa de Santiago y Juan, aunque vivan en la misma calle. Vamos a *mi* casa...".

Sin embargo, cuando llegaron a la casa, ¿recuerdas la lección objetiva que Jesús utilizó cuando hizo entrar a los discípulos para ese momento de enseñanza? Jesús puso a un niño (probablemente el hijo de Pedro) en medio de los discípulos. Luego levantó al niño y les dijo que debían ser *como niños* (Mateo 18:1-5).

De manera que en la versión de Mateo aprendimos que los seguidores de Jesús deben *ser* humildes, pero en la versión de Marcos de esa historia, Jesús enseña algo más: que sus seguidores deben *hacer* cosas humildes y levantar a los pequeños.

> [Jesús] les dijo: «Todo el que recibe de mi parte a un niño pequeño como este me recibe a mí...» (Marcos 9:36-37).

¿Ves la frase *todo el que*? Tal vez Jesús estaba mirando a Pedro cuando dijo eso. Tal vez le estaba diciendo: "Pedro, es muy bueno que me hayas recibido en tu casa genial, pero cualquiera puede tener el honor de mi presencia. Solo tienen que levantar a alguien pequeño".

¿Conoces a alguien que sea "pequeño"? ¿No solo pequeño en tamaño, sino pequeño porque la gente piensa que es "menos que" otros? ¿Has pensado alguna vez en invitar a casa a alguien que pueda necesitar lo que tu casa y tu familia pueden ofrecer? No tiene que ser comida o un espacio grande. A veces, los momentos más divertidos ocurren cuando hay muy pocas cosas, pero mucho amor. Jesús dijo que *todo* el que abre su casa o su vida a alguien que parece "pequeño" es como si lo hubiera invitado a *Él*.

Un amigo me envió una foto de mi hijo adolescente, Cade, en un campamento mientras caminaba de la mano con otro campista con necesidades especiales. Más tarde supe que Cade había sido su "compañero" toda la semana, y que lo había guiado por el campamento, lo había ayudado en las actividades y le había cortado la comida.

Tengo otras fotos de mi hijo entrando al campo de fútbol o dirigiendo el culto en una plataforma, pero la foto de él junto al campista con necesidades especiales es mi favorita. Creo que es de la que Jesús estaría más orgulloso.

Puede que yo nunca tenga una casa que reúna a amigos, y puede que tú tampoco, pero, dondequiera que estemos, todas podemos "servir como anfitrionas" al Señor si tomamos de la mano a los "pequeños", los recibimos en nuestra vida y hacemos algo grande. En realidad, no es el tamaño de tu casa lo que la hace grande; es el amor que se encuentra dentro.

Dios amado:
Ayúdame a buscar la grandeza del reino abriendo mi casa y mi corazón a los que parezcan pequeños para servirlos. En el nombre de Jesús.
Amén.

Día 38

SOLITARIA

Dios ha dicho: «Nunca te fallaré. Jamás te abandonaré».

HEBREOS 13:5

EL ÚLTIMO DÍA de una conferencia fuera de la ciudad, yo (Lee) pregunté a mis nuevas amigas si alguien tenía planes para la noche. Sabía que todas iban a tomar un vuelo por la mañana, así que supuse que iríamos todas a cenar, pero nadie me dio una respuesta clara. Me pareció extraño que todas fuéramos a quedarnos solas en nuestras habitaciones de hotel, pero no le di importancia y al final me fui a mi habitación a ver un programa de televisión.

Más tarde tuve hambre, busqué un restaurante de parrilla cerca y bajé en ascensor. El aire fresco me hizo muy bien y empecé a sentirme un poco más animada al doblar la esquina. Fue entonces cuando volví a mirar hacia las ventanas del hotel. Allí, al otro lado del vidrio, no solo estaban un par de mis nuevas amigas, sino *todas* juntas sentadas en el restaurante del hotel. Reían, charlaban y comían juntas. Para ellas, era una velada perfecta en un entorno perfecto, pero yo estaba fuera, literalmente. Y me sentía muy sola.

Luché por mantener la compostura, intenté no llorar y caminé las pocas manzanas que me separaban del restaurante, muy sola y dolida.

> ¿Sabías que...?
> - "Casi la mitad de los estadounidenses afirman sentirse solos a veces o siempre (46%) o excluidos (47%)".[2]
> *¿Por qué crees que las cifras son tan altas?*

- En 2018, solo el 16% de los estadounidenses declararon que se sentían parte de su comunidad.[3]
¿Sientes que formas parte de tu comunidad?
- "Las relaciones sociales más fuertes pueden tener un efecto positivo en nuestro bienestar mental, emocional y físico, incluso:
  - niveles más bajos de ansiedad y depresión
  - mayor autoestima
  - mayor empatía hacia los demás
  - fortalecimiento de la inmunidad
  - menor riesgo de desarrollar demencia al envejecer
  - mayor longevidad".[4]
¿Qué actividades sociales están integradas en tu vida actual?
- Existe una relación directa entre el aumento del sentimiento de soledad y el uso de las redes sociales más de treinta minutos al día.[5]
¿Cuánto tiempo pasas conectada a la Internet?

Probablemente pasará otra década antes que los investigadores sociales puedan decirnos exactamente por qué tener teléfonos inteligentes y redes sociales nos hace sentir más solos. No obstante, escuchemos un par de historias y veamos si nos ayudan a dar sentido a lo que podría estar pasando.

Duplicidad

Paula escribió un libro sobre cómo ganar un millón de dólares. ¿Cuál era el único problema? Paula nunca ganó un millón de dólares. De hecho, se ha quedado sin dinero (los autores no ganan mucho). Así que ahora tiene un problema, porque le parecería raro buscar un trabajo como camarera o en un lavadero de autos. Eso no es lo que hacen los millonarios.

La única forma que tiene Paula de ganar dinero es vender un libro que dice que no necesita ganar dinero. Paula se mudó para mantener las apariencias, porque ¿adivinen qué? En realidad, Paula no es dueña de la gran casa ni de los autos de lujo que aparecen en el fondo de sus fotos de Instagram. Para estar al lado de estas cosas que la hacen parecer importante, tuvo que mudarse lejos de la gente que *realmente* la conoce.

¿Ves cómo el orgullo alimentado por la comparación de Paula la ha llevado al aislamiento? No nos preocupa demasiado que escribas un libro basado en mentiras, pero sí que conviertas tu vida en una mentira en las redes sociales. Cuando editas todo lo que no es halagador y solo presentas una versión de tu vida con una taza medidora llena (con la ayuda de una buena iluminación y ángulos estupendos), te arrinconas en el aislamiento.

La palabra *duplicidad* significa actuar, hablar o publicar imágenes de cosas que no coinciden con la realidad. Piensa que Spider-Man (o el Hombre Araña) tiene dos personalidades. Peter Parker es el muchacho normal que se relaciona con personas comunes y corrientes, y Spider-Man es el muchacho con fuerza sobrehumana que se dedica a rescatar personas. Es agotador para él manejar las dos caras. Y también es aislante cuando nuestro mundo virtual o nuestra personalidad en la escuela no coinciden con la realidad de nuestras vidas.

Incluso se ha acuñado un término en inglés, *"catfishing"*, para cuando una pareja se conoce por Internet, pero uno de los dos miente sobre su aspecto o personalidad.

Cuando intentamos hacer creer a los demás que somos impecables, lo único que hacemos es levantar muros y aislarnos en el rincón con una buena luz, ese en el que nos tomamos las selfis. Puede parecer seguro vivir con la espalda contra la pared, pero en realidad es peligroso. Nos pone en riesgo, porque el enemigo no va tras las ovejas del rebaño; va tras la que está sola.

Resentimiento

Nuestra amiga Cecilia nos contó una triste historia sobre una vez que estaba en el campamento de verano que organiza la iglesia para jóvenes de la escuela secundaria después que sus amigos mayores se habían graduado. Lee su relato:

> Mientras salíamos del servicio de la mañana y pasábamos a nuestras dos horas de tiempo libre, empecé a preguntarme, ¿quiénes serían mis amigos? ¿Quién se acercaría a mí? ¿Quién me invitaría a participar en sus planes?
>
> Como Dios es el que manda, la respuesta fue... nadie. Caminé torpemente por el camping intentando no parecer tan lamentable como me sentía. Mientras deambulaba por la playa, vi a chicos que conocía. Asentían con la cabeza y sonreían mientras seguían charlando con sus amigos. Yo seguía esperando una invitación que nunca llegaba.

Esto confirmó lo que ya había sentido acerca de mi grupo de jóvenes: era súper cerrado y exclusivo. Los domingos, el centro de la sala de jóvenes estaba visiblemente segmentado en grupos por escuela y popularidad, mientras que al margen estaban los chicos que se sentaban solos. Esto me molestaba tanto que previamente les había preguntado a mis padres si podía asistir a otra iglesia.

Obviamente, nada había cambiado. La solución, por lo tanto, era mostrar de alguna manera a todas esas personas egocéntricas el error de su proceder y buscar un nuevo grupo de jóvenes menos exclusivista del que ser amiga.

■ **¿Te sientes identificada con la historia de Cecilia? ¿Alguna vez has querido cambiar de escuela o de iglesia porque te sentías excluida?**

■ **Piensa en las ocasiones cuando te sientes sola. ¿Qué otras emociones están presentes?**

Cecilia acabó por dar un paseo por la playa y hablar con Dios sobre el egocentrismo de sus compañeros hasta que se detuvo y le preguntó a Dios qué pensaba. Mientras contemplaba la costa, algunas cosas se hicieron evidentes.

Vio que se había negado a ver a Dios como su todo en todo; aunque tenía su atención y afecto, no era suficiente para ella. Prefería la atención de sus compañeros, lo que la había convertido en una persona totalmente egocéntrica. A pesar de que se quejaba de que no se preocupaban por ella, se dio cuenta de que ellos tampoco le importaban. Quería algo *de* ellos, no algo *para* ellos.

Cecilia pidió perdón a Dios por haber rechazado su compañía y por su pensamiento centrado en sí misma. Luego siguió caminando por la playa, pero de forma diferente. Empezó a acercarse a los demás para hablar con ellos, escucharlos y preocuparse por ellos. Y eso marcó la diferencia.

- Dedica un minuto a reflexionar sobre las veces que te has sentido sola.

¿Buscas algo *de* aquellos que te rodean? ¿O algo *para* ellos?

¿Qué puedes hacer para cambiar de actitud?

Siempre presente

La percepción de Cecilia de que en su soledad estaba rechazando la compañía de Dios nos tocó la fibra sensible a las dos, y esperamos que a ti también. Dios no quiere que ninguna de nosotras se sienta sola. Está dispuesto a estar con nosotras, no importa lo que hayamos hecho o cuánto tiempo nos hayamos alejado. Solo tenemos que darnos la vuelta y buscarlo, y Él estará allí.

Considera los siguientes tres pasajes de las Escrituras sobre la presencia constante de Dios en nuestra vida.

Dios ha dicho:
«Nunca te fallaré.
Jamás te abandonaré».
(Hebreos 13:5)

Se me afligía el corazón
y se me amargaba el ánimo
por mi necedad e ignorancia.
¡Me porté contigo como una bestia!
Pero yo siempre estoy contigo,
pues tú me sostienes de la mano derecha.
Me guías con tu consejo
y más tarde me acogerás en gloria.
(Salmos 73:21-24, NVI)

Me mostrarás el camino de la vida;
me concederás la alegría de tu presencia
y el placer de vivir contigo para siempre.
(Salmos 16:11)

- **Escribe a continuación tu versículo favorito de los que acabas de leer (intenta usar tu mejor letra):**

¿No son esas promesas oro macizo? Podemos dejar de lado nuestra soledad, nuestra duplicidad y nuestro resentimiento porque Dios está con nosotras. E incluso cuando nos equivocamos, nos toma de la mano y nos invita a pasar el rato con Él. Dios promete que hay alegría y placer en su presencia pase lo que pase. ¿No es una promesa increíble para chicas obsesionadas con la comparación? Dios conoce todos nuestros pensamientos, comparaciones y heridas, y nos ama a pesar de todo.

Señor:
Reconozco que culpo a los demás cuando me siento sola o me vuelvo
contra mí misma avergonzada y resentida. Ayúdame a recordar que
tú siempre estás conmigo y a dejar de estar centrada en mí para en-
focarme en ti y en los demás.
Amén.

Día 39

RELACIONES SENTIMENTALES

Yo te he amado... con un amor eterno.
Con amor inagotable te acerqué a mí
JEREMÍAS 31:3

DIANA ERA UNA de mis mejores amigas (de Shannon) en la universidad. Nos lo pasábamos muy bien juntas y nos reíamos por dondequiera que fuéramos, pero había un aspecto en el que me sentía inferior a Diana: las citas amorosas.

Diana siempre tenía novio. Mientras que el calendario de citas amorosas de Diana solo tenía pocos días disponibles, el mío tenía muy pocos días ocupados. Nunca hablamos de esto y nunca le pregunté a Diana: "¿Por qué le gustas más a los chicos que yo?". Sin embargo, yo me preguntaba por qué será.

¿Era más bonita que yo? ¿Era más entretenida su conversación? ¿Era más encantadora su personalidad? Yo no permitía que esas preguntas insistentes afloraran mucho a la superficie. Apreciaba a mi amiga y no quería sentir celos de ella, así que mantuve en secreto mis comparaciones internas. Desde luego, si hubiera tenido la *opción*, no habría dejado que los demás se enteraran de mis pensamientos íntimos (sería *muy* vergonzoso), pero eso es exactamente lo que ocurrió.

Un día, Diana y yo estábamos con un grupo de estudiantes y decidimos jugar a "¿Cuánto conoces a tu pareja?". Para jugar, varios de los novios del grupo fueron a la cocina para anotar las respuestas a una lista de preguntas mientras sus novias esperaban en la sala. Cuando los chicos regresaban, si las respuestas de las chicas coincidían con la de sus novios, ganaban puntos.

Como no había suficientes parejas de novios, Diana y yo acordamos jugar como compañeras de cuarto. Ella se fue a la cocina y yo me quedé en la sala.

Sonreí cuando la pequeña Diana salió junto a esos novios corpulentos, cada uno con una pila de tarjetas con las respuestas. Solo recuerdo una pregunta de ese juego, la que me rompió el corazón.

La pregunta era: "¿Con qué frecuencia sales con chicos?". Mis opciones eran:

a. Al menos una vez a la semana
b. Una vez cada dos semanas
c. Una vez al mes
d. Menos de una vez al mes

¿Con qué frecuencia salía con chicos? Casi nunca. "D" era la respuesta obvia, pero no iba a admitirlo, ¡no en una habitación llena de chicos con los que quería salir! Me aterraba la idea de ganarme la fama de "la chica a la que nunca invitan a salir".

Tenía pocos segundos para preparar mi respuesta, y el razonamiento que rondaba mi cabeza fue más o menos así: *Pues bien, en el último año he salido con uno, dos... tres chicos, creo. Y con cada uno tuve unas... a ver... ¿quizás cuatro o cinco citas? Es decir, unas quince citas más o menos. Digamos unas quince. Si divides quince por doce, es más de una por mes en promedio. Así que puedo decir que salgo con chicos más de una vez al mes...*

"B —respondí con seguridad—. Una vez cada dos semanas". Inmediatamente Diana puso cara de perplejidad. Le tocaba dar la vuelta a la tarjeta que tenía en las manos y revelar su respuesta, pero no lo hizo. Se quedó parada allí entre todos esos novios con una mirada inquisitiva.

De repente, mi corazón se llenó de pavor. Por pensar solo en la impresión que causaría en los presentes, no había tenido en cuenta que Diana no estaba al tanto de mi juego secreto de multiplicación y racionalización. Y ahora me miraba como los padres o los profesores miran a una chica que saben que acaba de mentir.

"Shannon...", dijo en voz baja. Era evidente que nuestras respuestas no coincidían. Era tan evidente que estaba a punto de que me catalogaran como "la chica a la que nunca invitan a salir, pero finge que sí". Fue una verdadera tortura. Los demás permanecieron en silencio intercambiando miradas entre Diana y yo mientras nosotras nos mirábamos fijamente. Por su expresión suplicante, me di cuenta de que quería que cambiara mi respuesta, pero eso sería una tortura peor. Quedar catalogada en público como "la chica a la que nunca invitan a salir, pero finge que sí y luego lo confiesa" era demasiado vergonzoso. No podía hacerlo.

Después de esperar todo lo que pudo, Diana levantó la tarjeta que revelaba la verdad. "D. Menos de una vez al mes". Fue un momento horrible para mí. Un grupo entero de chicos de mi edad acababa de presenciar mi flagrante intento de exagerar mi historial de citas amorosas y luego lo había visto reducirse a la cantidad real.

Durante muchos años, nunca hablé de aquel suceso. Ni siquiera con Diana. No fue hasta que le conté a mi hija las anécdotas de la universidad, que pude hablar del tema y reírme de la exposición de mi vida sentimental. Mi hija soltó una carcajada y, con los ojos bien abiertos, me dijo: "¡Mamá, qué horror!".

Estoy de acuerdo. ¡Fue un horror!

El factor de la que más gusta a los chicos

Hay algo en gustarle a un chico que hace que parezca que entonces deberías gustarle a *todo el mundo*. Como si hubiera una prueba tácita que pasas y te gradúas como "la que más gusta a los chicos". Lee y yo incluso hemos hablado con chicas adolescentes que nos comentan que ni siquiera les gusta el chico con el que están saliendo. Solo les gusta poder decir que tienen novio y publicar fotos para mostrarlo.

¿Ves cómo los chicos y las citas amorosas pueden utilizarse como una forma de medir el estatus? Sin embargo, esos chicos también son personas. Dios no creó a los varones para que los usemos de apoyo para poder decir: "Le gusto". Cuando usamos la atracción de un chico hacia nosotras como una mercancía, solo nos estamos enfocando en nosotras mismas.

El objetivo final de las citas amorosas es encontrar a alguien con quien casarse, no que alguien te haga quedar bien. Y el objetivo final del matrimonio es tener una pareja con quien servir a Dios, como un equipo. Ese equipo se dividirá por la mitad desde el primer día si solo te unes a él para tomarte fotos.

■ **¿Sientes la presión de salir con chicos en este momento?**

■ **Sinceramente, ¿crees que está bien que una chica como tú no tenga pareja en la escuela intermedia y secundaria?**

Sabemos que muchos dirán cosas como:

- Estás muy bien sola. Puedes ser igual de popular sin un novio.
- ¡Mira todos los amigos que tienes! La gente te quiere.
- Amiga, vas a tener chicos corriendo detrás de ti en la universidad. Espera, espera.

¿Te das cuenta de lo que todos estos consejos tienen en común? Te invitan a volver a centrarte en ti misma. Eso es lo que yo (Shannon) estaba haciendo en aquella habitación llena de amigas cuando hice ver que tenía muchas citas amorosas. Estaba tan obsesionada con cómo me veían los demás que olvidé que mi compañera de cuarto sabía la verdad.

Todos se centran en sí mismos. Eso es lo que quiere nuestro enemigo, pero ¿qué pasaría si escucharas a Jesús y eligieras ser libre de la vida egocéntrica, incluso cuando se trata de las citas amorosas? ¿Y si eligieras impedir que los demás caigan en esa trampa también?

Imagínate esto. Entras en una habitación, decidida a no usar el cuestionario de "la que más gusta a los chicos" con nadie. No piensas a qué chicos les gustan qué chicas. Te concentras en las personas que están en la sala. Tanto es así, que no tienes tiempo para preocuparte por lo que piensas de su situación sentimental o de lo que ellos piensan de la tuya. En cambio, piensas cosas como:

- *Ahí está Sandra. Me pregunto cómo van los tratamientos contra el cáncer de su madre.* En vez de: *Me pregunto si Sandra y Braulio siguen juntos.*
- *Quiero que Julián me cuente todo sobre sus vacaciones en la casa de sus abuelos. Quiero saber realmente de él.* En vez de: *Espero que Julián se fije en mí.*

- *No conozco muy bien a esa chica. ¿Se llama Carolina? Debería presentarme. En vez de: Dios, ¡qué bonita es! Apuesto a que los chicos le prestarán más atención a ella que a mí.*

¿Ves cómo centrarte en lo que puedes derramar de tu taza medidora (en servicio a los demás) podría liberarte de la obsesión de comparar tu vida sentimental con la de las demás chicas? Puedes decidir entre vivir atada a la actitud egocéntrica de estar siempre centrada en ti misma o puedes vivir libre del egocentrismo.

Pacto para una vida libre del egocentrismo

¿Podemos hacer un pacto de chicas, un acuerdo entre nosotras, para no caer en comparaciones con respecto las relaciones sentimentales? Léelo, y si estás de acuerdo, firma tu nombre junto al nuestro. Quizá también puedas invitar a una amiga a unirse al pacto.

Pacto sobre las relaciones sentimentales

Estamos de acuerdo en que Dios nos ama inmensamente y eso es lo que nos hace dignas de ser amadas.

No valemos más o menos por gustar a los chicos o tener novio, y tú tampoco.

No nos burlaremos de las chicas que no tienen novio. Dejaremos que ella y Dios tomen decisiones al respecto.

No nos burlaremos de las chicas que están saliendo con chicos con quienes nosotras no saldríamos. Respetaremos nuestras diferencias según el designio de Dios.

Si los padres de una chica no la dejan salir con chicos, la apoyaremos mientras espera.

No criticaremos ni juzgaremos a una chica que tenga novio, ni iniciaremos rumores sobre ellos. Si estamos preocupadas, oraremos primero y luego hablaremos con ella en privado.

Estamos las unas *por* las otras y por lo mejor de Dios en nuestras vidas.

Shannon Popkin

Lee Nienhuis

¡Tremendo! ¿Te imaginas lo diferentes que serían las cosas si todas nos atuviéramos a este pacto de vivir libres del egocentrismo en relación con nuestra vida sentimental? La presión de dar la talla sería mucho más ligera, ¿verdad?

Jesús quiere que tengas gozo y libertad de la presión de tener que salir con chicos. Y cuando elijas vivir libre del egocentrismo, eso es exactamente lo que obtendrás.

> *Dios:*
> *Ayúdame a vivir según el Pacto sobre las relaciones sentimentales.*
> *Quiero animar a los demás y no usarlos para mis propios intereses.*
> *Hazme saber cuánto me amas y ayúdame a tratar a los demás como personas a las que también amas.*
> *Amén.*

Día 40

INFLUENCERS

*Ustedes son la luz del mundo, como una ciudad
en lo alto de una colina que no puede esconderse.*
MATEO 5:14

MI PRIMER DÍA en una nueva escuela secundaria, yo (Shannon) rogué a Dios que me diera un lugar donde sentarme a comer. Me aterraba la idea de sentarme a comer sola como la chica nueva. Así que oré, y Dios envió a Karina. En la clase, justo antes del almuerzo, se dio cuenta de que yo era nueva y se ofreció a guardarme un lugar en la cafetería.

"¡Oh, gracias!", le dije. Podía sentir literalmente cómo se aliviaba la tensión de mi cuerpo. Podía respirar. Tenía un plan para el almuerzo.

Esa primera semana, me senté junto a Karina y sus amigos, pero a medida que pasaba el tiempo, empecé a preguntarme si debía cambiarme de mesa. No por Karina. Ella era muy dulce, bonita y amable. El problema era que Karina no solo me incluía a mí, sino a todos los demás. Me preocupaba que mis nuevos compañeros de almuerzo impidieran lo que yo le estaba rogando a Dios: Quería ser popular. No la chica popular presumida o rebelde. Solo quería ser la clase de chica que gustara a todos. La clase de chica a la que invitaran a fiestas y a salir. Algo me decía que mi nuevo lugar en la cafetería no era la respuesta a esa plegaria en particular.

Un día, entré a la cafetería con la bandeja en la mano y, a mi derecha, estaba Karina, que me señalaba el lugar que me había reservado, pero a la izquierda había una nueva amiga que me indicaba un asiento en la mesa donde *no* todos estaban incluidos. Karina parecía decepcionada y me sentí avergonzada cuando le dije: "Creo que hoy me sentaré allí...".

Karina y yo seguimos siendo amigas a la distancia. Veinte años después, me encontré con ella en un restaurante. Las dos veníamos de la iglesia con nuestros maridos e hijos, que tenían más o menos la misma edad. Karina me abrazó con la misma calidez que el primer día que me guardó un lugar.

No pude evitar preguntarme: ¿Y si no me hubiera preocupado tanto por dar la talla o por lo que pensaran los demás? ¿Y si me hubiera quedado en la mesa junto a Karina? ¿Me habría perdido a una amiga de toda la vida y hermana en el Señor? Una cosa sé con certeza: en esa cafetería, Karina había sido la verdadera *influencer*. Yo era la que me estaba dejando influenciar por el mundo.

Sé una verdadera *influencer*

Recuerda que el reino de Jesús es diferente al mundo. Puedes ser una persona poderosa e influyente en el reino de Jesús desde cualquier mesa donde te sientes a comer. No tienes que esperar que te inviten a un exclusivo círculo "popular" o a todas las fiestas. Definitivamente, no necesitas las pequeñas comillas azules junto a tu nombre o un cierto número de seguidores o "me gusta". Puede que los *influencers* del reino nunca se vuelvan virales, pero cambian vidas, modifican culturas y son agentes de bien en este mundo.

¿Qué marca la diferencia? Las *influencers* del reino se niegan a dejarse definir por las líneas de sus tazas medidoras. En cambio, prestan atención a la boca por donde se derrama su taza medidora en servicio a los demás.

- **En tus propias palabras, ¿qué tipo de persona es una *influencer* piadosa?**

Recuerda esto: si tienes una amiga o una hermana en este mundo, ¡tienes influencia!

¿Qué es la influencia? Es la capacidad de inspirar o impresionar a otra persona o grupo de personas. Cuando influyes en alguien, lo haces pensar, creer o actuar de manera diferente.

- **Subraya las dos capacidades de nuestra definición de *influencia* anterior.**

■ **Ahora rodea con un círculo las tres cosas sobre las que se puede influir.**

Algunas personas dirían que planificar nuestra influencia en el mundo es poco sincero o manipulador. No obstante, si los *influencers* quieren moldear las acciones y creencias de los demás, ¿no deberían hacerlo las chicas que han sido influenciadas por Jesús? ¿Chicas que se niegan a medir el valor de los demás por la popularidad, la apariencia y lo que se puede ganar a través de ellas? ¿Chicas que viven en la entrega no en la comparación? ¡Sí! Que las *influencers* sean chicas que siguen a Jesús.

¿Es bíblico planificar nuestra influencia en el mundo? ¡Claro que sí!

■ **¿Se te ocurre alguien que necesita conocer y sentir el amor de Jesús?**

■ **¿Qué pasos puedes dar para conectarte con esa persona hoy?**

Esto es lo que Jesús dijo sobre nuestra influencia en el mundo:

Ustedes son la sal de la tierra. Pero ¿para qué sirve la sal si ha perdido su sabor? ¿Pueden lograr que vuelva a ser salada? La descartarán y la pisotearán como algo que no tiene ningún valor.

Ustedes son la luz del mundo, como una ciudad en lo alto de una colina que no puede esconderse. Nadie enciende una lámpara y luego la pone debajo de una canasta. En cambio, la coloca en un lugar alto donde ilumina a todos los que están en la casa. De la misma manera, dejen que sus buenas acciones brillen a la vista de todos, para que todos alaben a su Padre celestial (Mateo 5:13-16).

- **Vuelve al pasaje bíblico anterior y subraya las palabras "ustedes son".**

- **¿Qué nos dijo Jesús que sucederá cuando la gente vea nuestras buenas obras?**

- **¿Por qué quieres ser famosa? ¿Por tu bondad, valentía, mansedumbre, pasión por Jesús? ¿Por otra cosa?**

Sé la sal

No te preocupes por ser como la sal; Dios se encarga de eso. No tienes que hacer brillar una luz sobre ti; Dios pone la luz de Jesús dentro de ti. No tienes que construir una plataforma o conseguir algunos "me gusta". Dios te colocará justo donde necesitas estar. *¡Solo debes mantener tus ojos en Jesús y brillar!*

Este es el momento de los verdaderos *influencers*. Al caminar con valentía y apartarte de los caminos de la comparación, serás una luz para los que te rodean. Los invitarás al reino y les darás un lugar al que pertenecer. Los que te rodean se fijarán no solo en ti, sino en Jesús.

Dios:
Si soy famosa por algo, quiero que sea por la forma en que te amo a ti y a quienes me rodean. Ayúdame a vivir libre de las comparaciones, para que los demás se sientan atraídos por mí en amor.
Amén.

Conclusión

SEÑOR, ¿Y QUÉ DE ELLA?

Lee: Shannon, no puedo creer este camino que hemos recorrido juntas. He aprendido mucho sobre mí misma y sobre cómo me relaciono con los demás. No quiero volver a ser la chica obsesionada con las comparaciones que he dejado gobernar gran parte de mi vida. Gracias por acompañarme en este camino, amiga.

Shannon: ¡Yo también! Continuemos con este tema. Quiero que sigamos recordándonos que debemos prestar atención a la boca por donde se derrama nuestra taza medidora en servicio a los demás en vez de fomentar el egocentrismo y la comparación, que es la obsesión con las líneas medidoras.

VIVES EN UN MUNDO obsesionado con la comparación. Lo más natural del mundo es que saques tu espejito de bolsillo y vayas por la vida mirándote y preguntándote: *¿Estoy bien? ¿Doy la talla? ¿Qué piensa todo el mundo de mí?*

261

CONCLUSIÓN

¿Pero no lo ves? Eso es exactamente lo que quiere tu enemigo. A él no le importa si piensas bien o mal de ti. Solo quiere que *nunca dejes* de pensar en ti misma. Pero Jesús te invita a hacer lo contrario.

Esperamos que este libro te haya ayudado a levantar la vista y a darte cuenta de que hay todo un mundo lleno de personas increíbles que necesitan lo que hay en tu taza medidora. A ti, maravillosa como eres, Dios te ha dado una taza llena de dones, belleza y personalidad, elegida por un Creador que te ama. Dios no llenó tu taza para que pudieras fijarte en las diferencias y compararte. Tú, querida amiga, ¡fuiste creada para derramar tu taza en servicio a los demás!

¿Te preocupa no hacerlo a la perfección? ¿Temes volver a caer en la trampa de la comparación? Bueno, eso les pasó también a los discípulos de Jesús. Así que, antes de despedirnos, nos gustaría que escucharas una conversación más que Jesús tuvo con alguien que estaba comparando.

"¿Me amas?"

La noche después que Jesús resucitara, siete de sus discípulos fueron a pescar. De madrugada, cuando remaban hacia la orilla, vieron a un hombre que cocinaba pan y pescado sobre el fuego. Era Jesús.

Pedro se zambulló en el agua y llegó a la orilla primero, y después llegaron los demás para celebrar una gran reunión. Desayunaron juntos y luego Jesús se apartó para hablar con Pedro. Fue una conversación importante. Aún no habían hablado del terrible momento en que Pedro negó conocer a Jesús, no una, sino *tres veces*. Había tenido mucho miedo de que él también tuviera que entregar su vida en una cruz. Pedro sabía que había fallado terriblemente. Su propio egocentrismo le repugnaba y, sin embargo, sorprendentemente, Jesús todavía veía potencial en Pedro.

Jesús, el que convierte el agua en vino, el que multiplica una comida para dar de comer a miles de personas y el que convierte la debilidad en fortaleza, sigue empeñado en cambiar corazones y actitudes. De hecho, ser tan consciente de su debilidad le iba a ser de gran utilidad a Pedro en los días que tenía por delante.

"¿Me amas, Pedro?". Jesús preguntó tres veces, para dar a Pedro la oportunidad de revertir sus tres negaciones. En cada ocasión, Jesús le indicó a Pedro cómo demostrar su amor: apacentando las ovejas de Jesús (Juan 21:14-19). Pedro debía cuidar del rebaño de seguidores, que ahora se reunían uno a uno al enterarse de la resurrección de Jesús. Pedro tenía que desempeñar un papel importante. No el papel de dar la talla ni de competir con los demás, sino la misión de entregarse por el bien de los demás.

¿Qué tiene que ver contigo?

Jesús comunicó algo más a Pedro sobre lo que le esperaba. Llegaría un día en que Pedro (con los brazos extendidos sobre su propia cruz) entregaría su vida como lo había hecho Jesús (Juan 21:18-19). Después de darle esta dura noticia, Jesús dio a Pedro una instrucción que lo abarcaba todo en una sola palabra: "Sígueme" (Juan 21:19). La primera instrucción de Jesús fue la misma que la última: Pedro debía seguir los pasos de Jesús y derramar su vida por completo.

Fue entonces cuando Pedro volvió la cabeza y vio a Juan que lo seguía. Entonces preguntó: "Señor, ¿qué va a pasar con él?" (Juan 21:21). ¿Iba a morir Juan también en una cruz? ¿Sería también Juan llamado a sacrificarlo todo? Pedro quería saberlo, pero Jesús le dijo: "¿qué tiene que ver contigo? En cuanto a ti, sígueme" (Juan 21:22).

Amiga, tú que te comparas, nuestra dulce amiga, es hora de dejar de mirar las tazas medidoras de los demás. Es hora de dejar de ceder a la tentación del enemigo de compararte con envidia o con indignación. Nuestro Señor ha mostrado una inmensa paciencia con nuestra obsesión con las comparaciones, pero ahora nos dice que es momento de dejar de hacerlo. Tenemos demasiado trabajo con nuestro llamado a entregarnos y derramar nuestra taza medidora en servicio a los demás como para distraernos con esas líneas medidoras.

Puede que la taza medidora de la chica que está a tu lado esté más llena. O puede que ella esté inclinando mucho más su taza. Puede que Jesús la lleve por un camino más empinado que la haga descender o por uno que la eleve más. No obstante, cuando miras de reojo y le preguntas a Jesús: "Señor, ¿qué va a pasar con ella?", su respuesta siempre será: "¿Qué tiene que ver contigo?".

Con una sola frase, Jesús te da la misma instrucción que glorifica a Dios, la misma que le dio a Pedro: "En cuanto a ti, sígueme".

¿Lista para vivir libre del egocentrismo?

¿Estás lista para seguir a Jesús? ¿Estás lista para vivir libre del egocentrismo? Prepárate para que suceda lo siguiente:

- La chica que vuelve su atención a la boca por donde se derrama la taza y se enfoca en servir a los demás no vive obsesionada con las líneas medidoras. Cuando inclina su taza, sus líneas medidoras se vuelven irrelevantes.
- La chica que se inclina para servir a los demás ya no vive preocupada por dar la talla.
- Las chicas que se niegan a compararse o ser definidas por las líneas medidoras de su taza son las verdaderas *influencers* que muestran a Jesús y su reino a otros.

Este es el tipo de vida que hemos estado esperando. Es lo que queremos ser. Y es lo que queremos para ti también. Vivir una vida de entrega y no de comparación, es como Jesús te devuelve la libertad, la confianza y la alegría.

¿Estás lista? Dejemos atrás la comparación que pone al "yo primero" y descubramos una vida realmente incomparable.

Pues esta aflicción leve y pasajera nos produce un eterno peso de gloria que sobrepasa *toda comparación*, al no poner nuestra vista en las cosas que se ven, sino en las que no se ven. Porque las cosas que se ven son temporales, pero las que no se ven son eternas (2 Corintios 4:17–18, NBLA).

RECONOCIMIENTOS

Estamos muy agradecidas a todos los que nos han apoyado en este proyecto. Gracias en primer lugar a nuestras familias. Hemos pasado por una boda, un pie roto, accidentes de auto, la muerte de un ser querido, viajes y la escritura de un libro adicional, sin embargo, nos han apoyado todo el tiempo. Gracias especialmente a nuestros esposos, Ken (Shannon) y Mike (Lee). No podríamos haberlo hecho sin su cariñoso apoyo.

Gracias también a todas las amigas que nos han contado valientemente sus historias. Sabemos que su disposición a exponer sus vidas en las páginas de este libro lo ha hecho mejor y con un mensaje más accesible.

Gracias a Laurie Krieg por ofrecernos tu experiencia. Te apreciamos. Gracias a las adolescentes que han completado nuestras encuestas (¡especialmente a los grupos de Katie y Amanda!) y nos han ayudado a entender cómo es la adolescencia hoy día. Y gracias a los equipos de *Hart Sideline* y *Competitive Cheer*. Ser su entrenadora asistente (Lee) me ha recordado lo difícil que es ser una adolescente. Amarlas y guiarlas no solo me ha hecho mejor autora, sino también mejor ser humano. Las amo.

Jeanna, como siempre, este libro tiene tus huellas por todas partes. Gracias por ser nuestra adolescente traductora, *coach* de cuestionarios y persona de confianza. Eres un regalo.

Gracias a nuestro equipo de confianza de Kregel. Estamos agradecidas a Catherine, Janyre, Rachel, Kayliani, Emily y otros por invertir en este proyecto y en las adolescentes que leerán este libro.

Y lo más importante, gracias a nuestro Señor Jesucristo, que se vació de sí mismo al entregar su vida por nosotras. Tener la victoria solo es posible gracias a ti.

NOTAS

Capítulo 1: Bienvenida a este mundo obsesionado con las comparaciones

1. Ver Judas v. 6 y Apocalipsis 12:9. Observar también que en Isaías 14:12-14, el profeta está hablando del rey de Babilonia, pero atribuye la rebelión de este rey a la obra de Satanás en el trasfondo.
2. Alison Hodgson, *The Pug List* (Grand Rapids: Zondervan, 2016), 26.

Capítulo 2: Comparar los pecados

1. Puedes leer la historia completa en Lucas 7:39-50.
2. Timothy y Kathy Keller, *The Meaning of Marriage* (Nueva York: Penguin, 2014), 44. Edición en castellano *El significado del matrimonio*, publicado por B&H Español (1 de enero de 2017).

Capítulo 3: Comparar la belleza

1. Annie F. Downs, "Solo espero que siempre sepas, cuando veas una fotografía final en un anuncio o en Tannie Annie™, que se necesitó el trabajo de todo un equipo para obtener esa foto y no veas las 372 que son terribles 😂. Y también...", Instagram, 18 de mayo de 2022, https://www.instagram.com/p/CdtzqQ3rCdl.
2. "Get the Facts", National Organization for Women, consultado el 18 de octubre de 2023, https://now.org/now-foundation/love-your-body/love-your-body-whats-it-all-about/get-the-facts.
3. "Teenage Girls Body Image Statistics", Health Research Funding, consultado el 7 de octubre de 2023, https://healthresearchfunding.org/teenage-girls-body-image-statistics.
4. Rheana Murray, "Social Media Is Affecting the Way We View Our Bodies—and It's Not Good", *Today*, 8 de mayo de 2018, https://www.today.com/style/social-media-affecting-way-we-view-our-bodies-it-s-t128500.

Capítulo 4: Comparar la feminidad

1. Hillary Ferrer, *Mama Bear Apologetics® Guide to Sexuality* (Eugene, OR: Harvest House, 2021), 120.

2. Kelly Needham y Shannon Popkin, "How to Bear God's Image by Gender", 14 de septiembre de 2022, en el pódcast *Live Like It's True*, 25:15, https://www.shannonpopkin.com/male-and-female.

3. Jimmy Needham, "Gender in Genesis", sermón de Stonegate Church, 6 de marzo de 2022, Midlothian, TX, https://www.youtube.com/watch?v=o9QLwRxJBfA.

4. Ferrer, *Mama Bear Apologetics® Guide to Sexuality*, 192.

5. "How Common is Intersex? An Explanation of the Stats", Intersex Campaign for Equality, 1 de abril de 2015, https://www.intersexequality.com/how-common-is-intersex-in-humans.

6. Ann P. Haas y Jack Drescher, "Impact of Sexual Orientation and Gender Identity on Suicide Risk: Implications for Assessment and Treatment", *Psychiatric Times* 31, n.º 12 (2014): https://www.psychiatrictimes.com/view/impact-sexual-orientation-and-gender-identity-suicide-risk-implications-assessment-and-treatment.

7. Corrie Pelc, "Transgender Teens 7.6 Times More Likely to Attempt Suicide", Medical News Today, 14 de junio de 2022, https://www.medicalnewstoday.com/articles/transgender-teens-7-6-times-more-likely-to-attempt-suicide#Increased-suicidal-ideation-and-attempts.

8. "Teenage Girls Body Image Statistics", Health Research Funding, consultado el 7 de octubre de 2023, https://healthresearchfunding.org/teenage-girls-body-image-statistics.

9. Paula Hendricks, "Is Boy-Craziness Really All That Bad?", paulawrites.com, consultado el 19 de julio de 2023, https://www.paulawrites.com/is-boy-craziness-innocent-or-treason.

Capítulo 5: Comparar la popularidad

1. John MacArthur, *Comentario MacArthur del Nuevo Testamento, Santiago* (Grand Rapids: Editorial Portavoz, 2014), 110.

2. Frederick Dale Bruner, *Matthew: A Commentary*, vol. 2, *The Churchbook: Matthew 13–28*, ed. rev. (Grand Rapids: Eerdmans, 2004), 211.

3. John F. Kennedy, "Remarks Prepared for Delivery at the Trade Mart in Dallas, TX, November 22, 1963 [discurso que no llegó a pronunciar]", John F. Kennedy Presidential Library and Museum, https://www.jfklibrary.org/archives/other-resources/john-f-kennedy-speeches/dallas-tx-trade-mart-undelivered-19631122.

4. Aristóteles, *Politics*, en *The Broadview Anthology of Social and Political Thought: From Plato to Nietzsche*, ed. Andrew Baily *et al.* (Toronto: Broadview, 2008), 207.

Capítulo 6: Comparar las posesiones

1. Clave para las respuestas: 1. Biblia (Proverbios 13:11, NVI); 2. Biblia (Lucas 12:34); 3. Will Smith; 4. Benjamin Franklin; 5. Biblia (Mateo 5:42); 6. B. C. Forbes; 7. Biblia (Eclesiastés 5:10); 8. William Shakespeare.

2. Maggie Hofstaedter, "Hannah Taylor—The LadyBug Foundation and Passion for the Homeless", InspireMyKids.com, consultado el 18 de octubre de 2023, https://inspiremykids.com/hannah-taylor-her-ladybug-foundation-brings-good-luck-to-those-who-need-it-most; "After 15 Years of 'Connecting Hearts,' Ladybug Foundation Founder Hannah Taylor Winds Charity Down", *CBC News*, 9 de julio de 2019, https://www.cbc.ca/news/canada/manitoba/ladybug-foundation-s-founder-closes-shop-1.5205007.

3. Randy Alcorn, *The Treasure Principle: Unlocking the Secret of Joyful Giving* (Sisters, OR: Multnomah, 2001), 77. Edición en castellano *El principio del Tesoro: Descubra el secreto del dador alegre*, publicado por Editorial Unilit (1 de enero de 2007).

Capítulo 7: Comparar los talentos

1. Ethel Barrett, Goodreads.com, consultado el 2 de agosto de 2023, https://www.goodreads.com/author/quotes/153839.Ethel_Barrett.

2. *Collins Dictionary*, s.v. "pride," consultado el 8 de enero de 2024, www.collinsdictionary.com/dictionary/english/pride. Traducción libre de "orgullo".

3. C. S. Lewis, *Mere Christianity* (San Francisco: Harper One, 1952), 122. Edición en castellano *Mero cristianismo*, publicado por HarperOne (14 de marzo de 2006).

4. John Dickson, *Humilitas* (Grand Rapids: Zondervan, 2011), 70-71. Edición en castellano *Humilitas: Humildad: acceso al amor, la influencia y la plenitud*, publicado por Editorial Peniel (11 de noviembre de 2013).

Capítulo 8: Comparar las relaciones
1. *American Heritage Dictionary of the English Language*, 5.ª ed. (2016), s. v. "ambition". Traducción libre de "ambición".
2. "Cigna 2018 U.S. Loneliness Index", Cigna, consultado el 11 de julio de 2023, https://www.cigna.com/assets/docs/newsroom/loneliness-survey-2018-fact-sheet.pdf.
3. Kim Parker *et al.*, "Americans' Satisfaction with and Attachment to Their Communities", Pew Research Center, 22 de mayo de 2018, https://www.pewresearch.org/social-trends/2018/05/22/americans-satisfaction-with-and-attachment-to-their-communities.
4. "The Power of Social Connection—Your Health Depends on It!", Heart Foundation, 16 de noviembre de 2022, https://www.heartfoundation.org.nz/about-us/news/blogs/the-power-of-social-connection-your-health-depends-on-it.
5. Rich Haridy, "Study Finds Too Much Social Media Is Making Us Feel Lonely and Depressed", New Atlas, 13 de noviembre de 2018, https://newatlas.com/social-media-increases-depression-loneliness-fomo/57202.

ACERCA DE LAS AUTORAS

 Desde el escenario, la página impresa y el micrófono del pódcast, Shannon Popkin te invita a abrir tu Biblia, beber profundamente de la historia de Dios y vivir conforme a la verdad de Dios.

Shannon vive en el oeste de Michigan y se siente feliz de compartir la vida con Ken, quien la hace reír todos los días. Juntos gozan de ver a sus tres hijos jóvenes adultos convertirse en personas increíbles conforme al plan de Dios para sus vidas. También disfrutan de sus dos adorables shih tzus, que —a diferencia de sus hijos— no tienen planes de independizarse.

Los libros de Shannon incluyen, *¡No te compares!* y *¡No seas una mujer controladora!*, y es la presentadora del pódcast bíblico *Live Like It's True* (Vive como si fuera verdad). Shannon ha colaborado en Aviva Nuestros Corazones, FamilyLife Today, The Gospel Coalition (Coalición por el Evangelio), y Proverbs 31. Puedes encontrarla en shannonpopkin.com, o en Instagram, Facebook y YouTube.

 Lee Nienhuis es autora, conferenciante y maestra de la Biblia. Es copresentadora del programa *Martha & Mary Show* y del pódcast *You Can Tell the Children* con Bible2School. Los libros de Lee, *Brave Moms, Brave Kids* y *Countercultural Parenting* son un llamado de alerta para los padres que quieren formar seguidores de Cristo de todo corazón. Lee y su marido, Mike, tienen cuatro hijos y viven en el oeste de Michigan. Puedes encontrarla en leenienhuis.com.

EDITORIAL
PORTAVOZ

NUESTRA VISIÓN

Maximizar el efecto de recursos cristianos de calidad que transforman vidas.

NUESTRA MISIÓN

Desarrollar y distribuir productos de calidad —con integridad y excelencia—, desde una perspectiva bíblica y confiable, que animen a las personas a conocer y servir a Jesucristo.

NUESTROS VALORES

Nuestros valores se encuentran fundamentados en la Biblia, fuente de toda verdad para hoy y para siempre. Nosotros ponemos en práctica estas verdades bíblicas como fundamento para las decisiones, normas y productos de nuestra compañía.

Valoramos la excelencia y la calidad
Valoramos la integridad y la confianza
Valoramos el mérito y la dignidad de los individuos
    y las relaciones
Valoramos el servicio
Valoramos la administración de los recursos

Para más información acerca de nuestra editorial y los productos que publicamos visite nuestra página en la red: www.portavoz.com